Los Náufragos de la Libertad

Náufragos de la Libertad

Historias de Valor y Sacrificio en el Éxodo Cubano

Autor: *F. Duran*

Copyright © 2012 Author Name *F. Duran*

All rights reserved.

ISBN: 9798314529782

DEDICATION

Para ti que llevas el mar en la memoria y la patria en el alma...

Si alguna vez sentiste el peso de una decisión que cambio tu vida para siempre...

Si alguna vez miraste atrás con nostalgia y adelante con incertidumbre...

Si el mar fue testigo de tu miedo, tu esperanza y tu valentía...

Este libro es para ti.

No es solo una historia de fuga. Es tu historia. Es la historia de aquellos que, como tú, desafiaron las olas, el miedo y lo desconocido en busca de una palabra que lo significa todo: libertad.

Si cerraste los ojos en una balsa imaginando una nueva vida, si escuchaste el murmullo de los que se quedaron o el eco de los que partieron, este libro también habla para ti.

Aquí están los nombres que conocemos y los que se perdieron en el camino. Aquí está la voz de quienes nunca fueron escuchados, aquí estas tú, reflejado en cada página. Porque nadie elige ser naufrago, pero si elige ser libre.

Gracias por permitir que esta historia que también es tuya entre en tu corazón.

Con respeto y admiración

F. Duran

Prólogo

La historia de Cuba es la historia de un pueblo que ha resistido, soñado y cuando no ha tenido otra opción, huido. Desde que Fidel Castro tomó el poder en 1959, el país se convirtió en una prisión de fronteras invisibles, donde disentir era traición y la libertad, un privilegio que solo podía alcanzarse al otro lado del mar. Bajo la promesa de igualdad y justicia social, la Revolución Cubana se transformó en un régimen autoritario que sofocó las voces críticas, persiguió a los opositores y convirtió la salida de la isla en un crimen castigado con el exilio forzado o con la muerte.

Desde los primeros años del régimen, miles de cubanos vieron en el mar la única vía de escape. Algunos lo hicieron en lanchas furtivas, otros en barcos desvencijados, y muchos, desesperados, se lanzaron en balsas improvisadas, hechas con neumáticos, maderas amarradas con soga y tanques de petróleo vacíos. Para ellos, el océano no era solo un cuerpo de agua; era un abismo entre la opresión y la libertad, un camino plagado de tiburones, tormentas y el acecho de las patrullas fronterizas. Era la delgada línea entre la vida y la muerte.

En 1965, con la apertura del puerto de Camarioca, miles de cubanos comenzaron a salir en oleadas. Luego vino el éxodo del Mariel en 1980, cuando más de 125,000 personas abandonaron la isla en embarcaciones de todo tipo. Pero quizás la crisis más desgarradora fue la de los balseros en 1994, cuando tras la caída de la Unión Soviética y la llegada del Período Especial, la miseria llevó a cientos de hombres, mujeres y niños a desafiar el mar en busca de un futuro mejor. No todos llegaron. Muchos fueron tragados por el océano, otros interceptados y devueltos para enfrentar castigos brutales. Algunos lograron tocar tierra en Florida o en otros países, iniciando una nueva vida con el peso del desarraigo y la nostalgia a cuestas.

Este libro recoge sus voces. Voces que han sido silenciadas por la propaganda oficial, por el miedo y por la indiferencia de un mundo que, muchas veces, ha ignorado el sufrimiento del pueblo cubano. Aquí están sus testimonios, sus memorias y sus cicatrices. Aquí están sus historias de valentía y desesperación, de pérdidas irreparables y de triunfos agridulces. Porque ser un balsero no es solo haber huido; es haber desafiado la muerte en nombre de la libertad.

Estas páginas no solo narran un éxodo, sino el precio de querer vivir sin cadenas. Que esta historia no se olvide. Que el sacrificio de los náufragos de la libertad no quede en el olvido.

Holly.

Nota del Autor

Este libro ha sido escrito con el propósito de informar, educar y narrar hechos históricos, basados en fuentes documentadas y de acceso público, incluyendo archivos, prensa, testimonios y referencias verificables. Cualquier similitud con personas o eventos actuales es puramente coincidencia o consecuencia natural del estudio histórico y la investigación periodística.

El contenido de esta obra refleja el análisis del autor y la interpretación de los acontecimientos, sin intención de difamar, perjudicar o menoscabar la reputación de ninguna persona, institución o entidad. Se han respetado los principios del derecho a la libre expresión y difusión del conocimiento, amparados por las leyes internacionales de libertad de prensa y publicación.

El autor no se hace responsable por interpretaciones erróneas, tergiversaciones o el uso indebido de la información aquí contenida por parte de terceros. Asimismo, cualquier crítica, comentario o reacción generada por esta obra será responsabilidad exclusiva del lector y no del autor ni de los editores.

Esta publicación se ampara en el derecho fundamental a la libertad de expresión y difusión del conocimiento, tal como lo reconocen la Declaración Universal de Derechos Humanos y la legislación vigente sobre propiedad intelectual y libertad de prensa.

F. Durán

AGRADECIMIENTOS

Escribir este libro ha sido un viaje lleno de desafíos, reflexiones y aprendizajes. No habría sido posible sin el apoyo incondicional de mis familias, tanto la de sangre como la que la vida me ha regalado en el camino. A cada uno de ustedes, gracias por su amor, paciencia y aliento en los momentos en que flaqueaba.

A mis seres queridos, que han sido mi fortaleza y mi refugio, gracias por comprender mis ausencias y por celebrar conmigo cada pequeño avance en este proyecto. Su apoyo incondicional ha sido el faro que me ha guiado en este proceso.

A aquellos amigos que se convirtieron en familia, que escucharon mis ideas, leyeron mis borradores y me ofrecieron palabras de aliento, les agradezco desde lo más profundo de mi corazón. Sus comentarios, críticas constructivas y ánimos han sido fundamentales para dar forma a este libro.

A quienes, de una forma u otra, me han brindado su ayuda, compartiendo su conocimiento, sus historias y su tiempo, mi gratitud eterna. Sin ustedes, este libro no habría sido posible.

Este libro es tan mío como suyo. Gracias por ser parte de este sueño.

Con cariño y gratitud,
F. Duran

Capítulo 1:

Del Éxodo Infantil al Mar de la Desesperación: Historias del Exilio Cubano

Desde el triunfo de la Revolución Cubana en 1959, miles de cubanos comenzaron a buscar una salida ante el temor a la represión, la falta de libertades y el adoctrinamiento ideológico. Entre las primeras respuestas a este éxodo estuvo la Operación Peter Pan (1960-1962), un programa coordinado entre el gobierno de Estados Unidos, la Iglesia Católica y exiliados cubanos, que permitió la salida de más de 14,000 niños hacia Estados Unidos.

Las familias cubanas, temiendo que sus hijos fueran adoctrinados en la ideología comunista, tomaron la desgarradora decisión de enviarlos solos al extranjero. Muchos de estos niños, con el tiempo, lograron destacar en diversas áreas, contribuyendo al desarrollo de la comunidad inmigrante en EE.UU. Frank Angones, por ejemplo, se convirtió en el primer presidente cubano del Colegio de Abogados de Florida, dedicando su carrera a la defensa de los derechos de los inmigrantes. Willy Chirino, músico y creador del "Miami Sound", reflejó en su arte la nostalgia del exilio y el anhelo de libertad.

Pero el impacto emocional de la separación dejó una marca indeleble en todos ellos. La distancia y la incertidumbre sobre el destino de sus seres queridos intensificaron el sentimiento de pérdida. La imposibilidad de compartir momentos significativos, como bodas, nacimientos o funerales, profundizó su dolor. A pesar de ello, muchos canalizaron estas emociones en su crecimiento profesional y personal, enriqueciendo la vida cultural y social de Florida.

Camarioca:
El Éxodo en el Mar

A medida que la situación en Cuba se deterioraba, el deseo de huir crecía. En septiembre de 1965, el puerto de Camarioca, en la bahía de Matanzas, se convirtió en el escenario de uno de los primeros grandes éxodos marítimos. Familias enteras se agolpaban en la costa, despidiéndose entre llantos y miedo, sin saber si volverían a verse. Las embarcaciones que partían lo hacían con la esperanza de alcanzar la libertad, pero muchas nunca llegaron a su destino.

El gobierno de Fidel Castro, presionado por la crisis política y económica, permitió la salida de quienes desearan marcharse. Entre el 28 de septiembre y el 3 de noviembre de 1965, decenas de embarcaciones llegaron desde Miami para recoger a aquellos que no querían vivir bajo el régimen revolucionario. Lo que comenzó como un éxodo controlado pronto se convirtió en un caos: desesperación, violencia y tragedia se entremezclaron en la marea de fugitivos.

"Un Viaje sin Retorno"

El Testimonio de Rafael Méndez

"Recuerdo el día exacto: 30 de octubre de 1965. Mi padre nos llevó a mi madre, a mi hermana menor y a mí hasta Camarioca. Éramos cuatro, pero en ese momento no sabíamos si seguiríamos siéndolo. Los gritos de los que se quedaban, los llantos de los niños y el sonido del agua golpeando los muelles se mezclaban en una sinfonía de angustia. La Revolución nos había arrancado la tranquilidad y ahora nos quitaba la patria."

Rafael Méndez tenía 19 años cuando su familia decidió partir. Su padre, un pequeño comerciante, había perdido su negocio tras las nacionalizaciones del régimen. La orden de salida llegó de un día para otro, sin tiempo para despedidas organizadas ni para empacar mucho. Un pequeño bolso con ropa, algunas fotos y una bolsa con pan y carne en conserva era todo lo que podían llevar.

"Nos montamos en un barco que ya venía con más de cuarenta personas. No había espacio para sentarse cómodamente. La embarcación era vieja, oxidada en algunas partes, pero en ese momento era nuestro único camino a la libertad. Mi madre no soltaba la mano de mi hermana pequeña, que no entendía por qué dejábamos la casa, a los primos, a la abuela. Mi padre miraba al horizonte, serio, como si temiera que en cualquier momento nos dispararan o nos hicieran regresar. Y tenía razón."

Apenas habían zarpado cuando divisaron patrullas militares en la costa. Soldados con fusiles los observaban sin intervenir, pero la tensión era insoportable. Algunas embarcaciones no tuvieron la misma suerte y fueron interceptadas antes de alejarse lo suficiente. Para los que lograban escapar, el mar se volvía un enemigo silencioso.

"No había comida suficiente, el agua se acabó rápido y algunos comenzaron a marearse. La gente lloraba en silencio, como si tuvieran miedo de que el propio océano nos oyera y nos castigara. Mi madre rezaba en voz baja. Yo solo pensaba en una cosa: ¿y si este barco no aguanta el viaje?"

Tras casi 30 horas de navegación, la embarcación llegó a Cayo Hueso, donde fueron recibidos por la Guardia Costera de EE.UU. Rafael nunca volvió a ver a sus abuelos ni a su tío. Su familia fue declarada traidora en Cuba y su casa confiscada.

"La libertad, como pronto descubriría, tenía un costo: la nostalgia de lo perdido."

"Nunca Supe si Llegaron" El Dolor de los que se Quedaron

Cada persona que lograba escapar dejaba atrás a alguien sumido en la incertidumbre. Marta Valdés tenía 14 años cuando sus padres y su hermano mayor partieron en un bote de madera. Ella se quedó con su abuela, esperando noticias que nunca llegaron.

"Mi padre había trabajado toda su vida como mecánico. No era político, no hablaba de la Revolución ni a favor ni en contra. Pero cuando el país comenzó a caerse a pedazos y se llevaron a un vecino por 'pensar diferente', él dijo que no había futuro aquí. Decidieron irse. Pensaron que me podrían mandar a buscar después. Nunca supe qué pasó con ellos."

Marta creció en un país que la miraba con desconfianza por ser hija de "gusanos". Fue expulsada de la escuela cuando un profesor descubrió que su hermano había intentado escapar. Durante años, buscó información sobre su familia, pero solo obtuvo rumores contradictorios: que los vieron en Florida, que su barco se hundió cerca de las Bahamas, que fueron interceptados y devueltos a Cuba.

"A veces sueño que tocan la puerta y es mi hermano, ya hombre, diciendo que vino a buscarme. Otras veces sueño que mi madre me llama, pero su voz se pierde en las olas. Cuando despertaba, entendía que la Revolución no solo me había robado a mi familia. Me había condenado al olvido."

La Criminalización del Exilio: Un Régimen que Castiga la Huida

El régimen cubano no solo persiguió a quienes intentaban escapar, sino que también demonizó a aquellos que lograban salir de la isla. Los exiliados fueron etiquetados como **"gusanos"**, **"traidores"** y **"vende patrias"**, mientras el Estado confiscaba sus bienes y eliminaba sus nombres de registros oficiales, como si nunca hubieran existido. Las familias de los que huían también sufrían represalias, siendo relegadas social y económicamente, condenadas al ostracismo por un sistema que consideraba la emigración un acto de traición imperdonable.

Los **actos de repudio** se convirtieron en una práctica institucionalizada, diseñada para sembrar el terror y evitar que otros siguieran el mismo camino. Multitudes organizadas por el gobierno se congregaban frente a las casas de quienes planeaban marcharse, lanzando insultos, escupitajos, piedras e incluso amenazas de muerte. En muchos casos, las agresiones físicas y psicológicas llegaban a niveles extremos, forzando a las víctimas a abandonar la isla con el estigma de la vergüenza impuesta por la dictadura. Sin embargo, ni la violencia ni el miedo lograron detener el **éxodo masivo**.

El Exilio como Ruptura y Resistencia

El **Éxodo de Camarioca** de 1965 fue solo el primer síntoma de una realidad innegable: miles de cubanos estaban dispuestos a arriesgarlo todo por una vida lejos del control totalitario. Lo mismo ocurrió con la **Operación Peter Pan**, en la que más de 14,000 niños fueron enviados solos a Estados Unidos por padres que preferían separarse de ellos antes que verlos crecer en una sociedad sin libertad. A estas crisis migratorias les siguieron otros episodios de huida masiva, como el **Mariel en 1980** y la **Crisis de los Balseros en 1994**, cada uno marcando una nueva grieta en el muro de la dictadura.

A pesar de décadas de persecución, el deseo de ser libre nunca se apagó. El régimen intentó borrar la existencia del exilio con propaganda, pero los miles de cubanos que murieron en el mar y los millones que lograron rehacer sus vidas en otros países demostraron que la libertad no se decreta, se busca, se persigue, se lucha por ella. El océano, que para muchos fue una tumba, también fue el testigo de la valentía de una nación que se negó a aceptar el cautiverio como destino. Porque ningún gobierno, por poderoso que sea, puede encerrar para siempre el espíritu de un pueblo que sueña con ser libre.

Capítulo 2
El Mariel, 1980
El Éxodo de los Marginados

El 1 de abril de 1980, un grupo de seis cubanos estrelló un autobús contra la embajada de Perú en La Habana buscando asilo político. Lo que comenzó como un incidente aislado se convirtió en el detonante de uno de los mayores éxodos de la historia cubana. En cuestión de días, más de 10,000 personas se refugiaron en la embajada, desafiando abiertamente al régimen de Fidel Castro. Ante la presión internacional y la imposibilidad de controlar la situación, el gobierno permitió que aquellos que quisieran marcharse lo hicieran a través del puerto de Mariel.

La decisión no fue un acto de benevolencia. En un movimiento calculado, Castro utilizó la crisis para purgar la isla de elementos que consideraba indeseables. Junto con los exiliados políticos y ciudadanos comunes, liberó de las cárceles a delincuentes y enfermos mentales, enviándolos a Estados Unidos en un intento por desprestigiar la imagen de los exiliados cubanos. La Revolución no admitía fallos, y quienes se iban eran presentados como escoria.

En los siguientes meses, más de 125,000 cubanos se lanzaron al mar en embarcaciones improvisadas o en barcos enviados por familiares desde Florida. El éxodo del Mariel se convirtió en una de las mayores crisis migratorias en la historia de Cuba, un reflejo de la desesperación de quienes vivían bajo el régimen. Para muchos, la travesía fue una odisea marcada por la incertidumbre y el peligro. Las embarcaciones, sobrecargadas y mal equipadas, enfrentaban condiciones adversas en el mar. Algunas nunca llegaron a su destino, y quienes sobrevivieron llegaron a Estados Unidos con la esperanza de comenzar una nueva vida, aunque no sin dificultades.

La comunidad cubanoamericana recibió a los marielitos con sentimientos encontrados. Mientras algunos los consideraban hermanos en el exilio, otros los veían con recelo debido a la propaganda que los etiquetaba como criminales. El gobierno estadounidense, por su parte, tuvo que enfrentar el reto de procesar y ubicar a miles de refugiados en un período corto de tiempo. Campamentos improvisados se levantaron en distintas partes del país, donde los recién llegados esperaban ser reasentados. A pesar de los obstáculos, la mayoría logró establecerse, integrarse y demostrar que, más allá del estigma, eran personas trabajadoras que solo buscaban libertad y oportunidades.

"Mariel fue mi única salida" La historia de Ernesto Padrón

Ernesto Padrón tenía 27 años cuando decidió marcharse. Había crecido en un barrio obrero de La Habana y aunque nunca se consideró un opositor activo, siempre sintió que el gobierno lo vigilaba. Su problema era simple: decía lo que pensaba, y en la Cuba de 1980, eso bastaba para convertirse en un enemigo del Estado.

"Yo era mecánico y tenía un buen trabajo, pero nunca quise ser militante del Partido. Me negué varias veces a participar en los actos de repudio contra otros vecinos que querían irse. Y eso me marcó. Cuando llegó la crisis de la embajada del Perú, sentí que era mi oportunidad. Sabía que quedarme significaba quedar atrapado para siempre."

El 21 de abril, Ernesto y dos amigos llegaron al puerto de Mariel. Fueron recibidos con insultos y golpes. En las semanas previas, el gobierno había organizado una campaña de odio contra los que querían irse. Grupos de "revolucionarios" organizaban mítines de repudio, donde las multitudes escupían, golpeaban, apedreaban y hasta arrojaban excrementos humanos o animal y humillaban públicamente a los que abandonaban la isla todo para ellos era válido, vi con mis propios ojos los hechos más denigrantes de mi vida.

"Nos hicieron caminar entre una multitud que nos gritaba 'gusanos' y 'escoria'. Nos lanzaban piedras, nos escupían. Vi a una mujer ser golpeada con un palo solo porque intentaba subir a un bote. Había niños llorando y ancianos con la ropa rasgada. Era como una película de terror."

Cuando finalmente logró abordar un barco, la embarcación estaba repleta. Hombres, mujeres y niños se amontonaban en la cubierta, sin espacio para moverse. El viaje duró dos días y estuvo marcado por el miedo y la incertidumbre. "El mar estaba revuelto y muchos vomitaban. El agua y la comida se acabaron rápido. Nadie sabía qué pasaría cuando llegáramos a EE.UU. Solo sabíamos una cosa: ya no podíamos regresar."

La llegada a EE. UU

"Mariel fue un infierno en las dos orillas" Cuando Ernesto y su grupo llegaron a Key West, la Guardia Costera los recibió. El alivio inicial se convirtió en una nueva incertidumbre cuando los llevaron a un centro de detención temporal. Miles de cubanos estaban llegando cada día, desbordando los recursos de las autoridades estadounidenses. "Había miedo, pero también alivio. Sabíamos que la vida en EE.UU. sería difícil, pero al menos aquí podíamos hablar sin miedo, trabajar sin tener que complacer al Partido."

"Nos dieron comida y ropa, pero nos trataron como prisioneros. Nos metieron en un campamento improvisado, rodeado de alambre de púas. Nos decían que era por nuestra seguridad, pero se sentía como una cárcel. No entendíamos por qué nos trataban así si solo buscábamos libertad." El éxodo del Mariel fue recibido con recelo en EE.UU. A diferencia de los cubanos que llegaron en los años 60, vistos como refugiados políticos, los "marielitos" fueron percibidos con desconfianza, en parte debido a la propaganda del régimen cubano. La prensa estadounidense difundió historias de criminales y enfermos mentales enviados por Castro, lo que generó un estigma que persiguió a muchos exiliados por años.

"Algunos estadounidenses nos miraban como delincuentes. No entendían que la mayoría de nosotros éramos gente trabajadora que solo quería una oportunidad. Por culpa de los que vinieron de las cárceles, nos metieron a todos en el mismo saco." Ernesto pasó tres meses en un centro de detención antes de ser liberado. Se estableció en Miami, donde trabajó en construcción y mecánica. A pesar de los obstáculos, logró salir adelante. Sin embargo, el estigma del "marielito" lo siguió durante años.

"Nunca pude escapar de esa etiqueta. Cada vez que mencionabas que habías llegado en el Mariel, algunas personas te miraban de manera diferente., como si fueras menos que los que vinieron antes, aunque otros te recibían con solidaridad. Pero nosotros también éramos exiliados, también sufrimos, también lo perdimos todo."

El uso del Mariel para limpiar las cárceles

Uno de los aspectos más oscuros del éxodo del Mariel fue la decisión del gobierno cubano de incluir en las embarcaciones a miles de presos comunes y pacientes de hospitales psiquiátricos. Los registros indican que alrededor de 25,000 de los exiliados enviados a EE.UU. eran exconvictos, muchos de ellos encarcelados por delitos menores o simplemente por ser considerados indeseables. Fidel Castro aprovechó la crisis para vaciar las cárceles y asilos de la isla, enviando a criminales junto con disidentes y ciudadanos comunes.

Este movimiento no solo generó confusión y caos entre las autoridades estadounidenses, sino que también alimentó una narrativa negativa sobre los marielitos. Al darse cuenta de esta maniobra, EE.UU. endureció las condiciones de ingreso y estableció centros de detención para evaluar a los recién llegados. Sin embargo, el daño estaba hecho: el éxodo del Mariel quedó marcado por el estigma de que entre sus filas había delincuentes y enfermos mentales, lo que dificultó la integración de muchos exiliados en la sociedad estadounidense.

A pesar de esta percepción, la realidad es que la mayoría de los marielitos eran personas trabajadoras que buscaban oportunidades y una nueva vida fuera de la opresión en Cuba. Muchos de ellos lograron reconstruir sus vidas, integrarse en sus comunidades de acogida y contribuir significativamente al desarrollo económico y cultural de los lugares donde se establecieron. Sin embargo, el estigma impuesto por el régimen cubano y amplificado por los medios de comunicación permaneció durante décadas, afectando la percepción social sobre los exiliados del Mariel.

Este episodio del exilio cubano no solo evidencia la manipulación política de la migración, sino también cómo los regímenes autoritarios pueden utilizar la desesperación de su pueblo como una herramienta para sus propios intereses. El éxodo del Mariel es un recordatorio de los sacrificios que muchos han hecho en busca de libertad y de cómo las narrativas impuestas pueden afectar a comunidades enteras durante generaciones.

José Hernández: El Tío que Escapó dos Veces.

José Hernández fue mi tío, un hombre marcado por la lucha y la resistencia. Su historia, como la de tantos cubanos, es la prueba de que el régimen de Fidel Castro no solo apagó sueños, sino que convirtió en delincuentes a aquellos cuyo único crimen era querer ser libres.

Antes de la Revolución, José no era un hombre de política. No era un líder de oposición ni un guerrillero en la Sierra. Era simplemente un pequeño empresario, un cubano trabajador que, junto a mi abuelo Ismael Hernández, manejaba modestos quioscos de comida en distintas temporadas. Vendían pan con carne de cerdo (lechón), pan con bistec, papas fritas, papas rellenas y otras delicias que formaban parte de la esencia de la comida cubana. Aparte de eso, se dedicaban a negocios a pequeña escala, emprendiendo con la esperanza de que con el tiempo podrían crecer. No eran ricos, pero tenían la visión de que su esfuerzo les daría un futuro próspero.

Sin embargo, la Revolución de 1959 cambió todo. El gobierno of Fidel Castro no dejó espacio para quienes soñaban con crecer por cuenta propia. Los pequeños negocios fueron cerrados, las propiedades expropiadas y el país entero se convirtió en una cárcel donde salir sin permiso del gobierno era imposible. José quería irse. Y en su intento por hacerlo, la dictadura lo condenó. Prisión por querer escapar, no hay mayor crimen en una dictadura que querer huir de ella.

A principios de los años 60, José fue descubierto en un supuesto intento de secuestro de un avión donde el solo viajaba como pasajero, solo había escuchado del plan y se subió como un pasajero regular (no era parte de los secuestradores). Su objetivo no era otro que salir del país, escapar de aquella Cuba que ya no ofrecía futuro. El régimen lo acusó de intento de salida ilegal y de ser cómplice del secuestro de la aeronave. Fue arrestado y sentenciado a 12 años de prisión.

Doce años de prisión por querer ser libre. En aquellos tiempos, las cárceles cubanas estaban llenas de hombres como él: obreros, estudiantes, empresarios, campesinos y hasta artistas, todos castigados por pensar diferente o por intentar marcharse. La prisión en Cuba no solo era un castigo, era una lección. El régimen quería dejar claro que nadie podía desafiar el sistema sin pagar un precio alto.

La zafra de los Diez millones

Durante la década de 1970, el gobierno tirano de Cuba implementó políticas que afectaron profundamente la vida de muchos ciudadanos, especialmente de aquellos considerados opositores al régimen. Uno de los proyectos más ambiciosos y controvertidos de esa época fue la "Zafra de los Diez Millones", una campaña que buscaba producir diez millones de toneladas de azúcar en 1970. Para alcanzar esta meta, se movilizó a una gran fuerza laboral, incluyendo a presos políticos como José Hernández, quienes fueron enviados a zonas rurales remotas, alejados de sus hogares y familias, para realizar trabajos forzados en condiciones extremadamente duras y penosas que hacían recordar los tiempos de la esclavitud.

La "Zafra de los Diez Millones" fue concebida por Fidel Castro como una demostración del potencial económico y revolucionario de Cuba. Se esperaba que esta colosal producción azucarera impulsara la economía y consolidara el liderazgo del país en el mercado internacional del azúcar y su posición como país autosuficiente a un gran paso de ser un país desarrollado como lo fue antes de Fidel. Sin embargo, la realidad fue distinta. A pesar de los esfuerzos titánicos y la movilización de casi medio millón de trabajadores no remunerados, la zafra solo alcanzó alrededor de ocho millones de toneladas, quedando lejos de la meta propuesta y dejando un saldo de desmoralización y agotamiento en la población.

Para cumplir con los objetivos de la zafra, el gobierno recurrió a medidas extremas, incluyendo la utilización de presos políticos como mano de obra forzada. Estos individuos, muchos de los cuales habían sido encarcelados por expresar opiniones contrarias al régimen, fueron trasladados a provincias como Camagüey, conocidas por sus extensos campos de caña de azúcar. Allí, en condiciones precarias y bajo estricta vigilancia, se les obligaba a realizar jornadas extenuantes de trabajo, sin considerar su estado físico o salud.

José, un hombre de pequeña estatura y menudo, pero de gran valentía, fue uno de esos presos políticos forzados a participar en la zafra. A pesar de las adversidades físicas y emocionales, José demostró una resistencia admirable, enfrentando las duras condiciones con entereza. Su historia es representativa de la de muchos otros que, como él, sufrieron las consecuencias de políticas gubernamentales que priorizaban objetivos económicos sobre los derechos humanos y el bienestar individual. La utilización de presos políticos en trabajos forzados durante la zafra de 1970 es un capítulo oscuro en la historia de Cuba.

Estos hechos reflejan cómo, en nombre del progreso, la productividad y los avances de su llamada Revolución Socialista, se cometieron abusos y se vulneraron derechos fundamentales. A pesar de los sacrificios impuestos a la población, la zafra no logró sus objetivos, evidenciando las limitaciones y errores de planificación del gobierno de la época. Hoy en día, es crucial recordar y reconocer estas historias para comprender las complejidades del pasado cubano y garantizar que tales injusticias no se repitan.

La resiliencia y el coraje de personas como José Hernández sirven como testimonio de la capacidad humana para resistir la opresión y mantener la dignidad incluso en las circunstancias más adversas, con un esfuerzo extraordinario José soportó años en prisión.

Recordando el día del juicio.

Cuando el juez le pregunto, pensando que lo humillaría y lo quebraría, si, después de estar preso en las celdas de la cabaña esperando juicio, sentía arrepentimiento por sus actos al ver las bondades de la revolución, este le contesto "Si por las bondades de la Revolución hubiera sido, si pudiera subirse en una cáscara de plátano en el Malecón y navegar, lo intentaría nuevamente." fue así como el juez se encolerizo y le dio máxima condena, estaba comprendiendo la rabia y el odio que llenaba a todos esos revolucionarios y tubo que mantener silencio para poder conservar la vida.

Ese silencio le garantizo pasar a ser un hombre invisible y con su buena conducta logró ser parte del programa de "Libertad condicional", donde los prisioneros eran liberados parcialmente para trabajar en la calle con la condición de que se reportaran frecuentemente a las autoridades. Era una libertad a medias, una vigilancia disfrazada de oportunidad. Entonces, en 1980, llegó el incidente de la Embajada del Perú y con él, su segunda oportunidad para escapar.

La Segunda Fuga de José

En abril de 1980, con asalto la Embajada del Perú en La Habana, el régimen quedó en una encrucijada y en un giro inesperado, Castro permitió que aquellos que quisieran marcharse lo hicieran. Fue así como José, que aún estaba bajo libertad condicional, no lo pensó dos veces. Se refugió en la embajada junto con un grupo de amigos y permaneció allí durante semanas, justamente donde estaba el tinajón grande que está en el patio, allí escondían a los niños cuando los revoltosos formaban las revueltas pues la comida y el agua eran muy escasos, el gobierno solo enviaba pequeñas cantidades para provocar el conflicto. Allí, soportando el hacinamiento, la escasez de comida y la incertidumbre de no saber qué sería de ellos, resistieron. Finalmente, fue sacado del país vía Mariel y llegó a Miami, Florida, junto con 125,000 cubanos que escapaban de la opresión.

El Desafío de Empezar de Nuevo

José no tenía nada cuando llegó a Miami. Como tantos otros marielitos, se encontró en una ciudad que no estaba preparada para recibirlos y que, debido a la propaganda del régimen, los veía con desconfianza, allí trabajo de pintor, recogiendo basura y cuanto oficio se le presentaba, pero estaba saturada de mano de obra y era muy difícil encontrar un trabajo de tiempo completo. Durante años, Miami había acogido a cubanos exiliados de las primeras olas migratorias de los años 60 y 70 que eran vistos como refugiados políticos. Pero los marielitos fueron estigmatizados.

Muchos empresarios desconfiaban de ellos.

Después de varios intentos fallidos en distintos empleos, José decidió mudarse en busca de mejores oportunidades. Se mudó a Las Vegas, Nevada, donde las todo parecía más accesible y donde el pasado de cada persona no era tan relevante como su disposición a trabajar. Allí, encontró trabajo en el Casino Caesar's Palace, uno de los más grandes y prestigiosos de la ciudad en aquellos tiempos. Por primera vez en años, tuvo estabilidad. El hombre que había enfrentado una condena de 12 años en prisión por intentar escapar de Cuba y que había pasado semanas en la embajada del Perú ahora caminaba libremente por los pasillos de un casino en la ciudad del entretenimiento.

El Tío que nos Mostró el Camino.

Cuando mi familia y yo llegamos a Las Vegas en julio de 1991, fue José quien nos recibió, quien nos guio y nos mostró que sí era posible empezar de nuevo. Nos enseñó que la verdadera libertad no es solo escapar de la dictadura, sino aprender a vivir sin miedo, sin cadenas mentales, sin depender de nadie más que de nuestro esfuerzo. Nos motivó a no conformarnos con trabajos temporales, sino a buscar nuestras propias oportunidades. Nos inspiró a emprender, a construir y a crecer. José fue un ejemplo de resiliencia, un hombre que el régimen quiso quebrar, pero el jamás se rindió. Y aunque su historia fue dura, cada vez que lo veíamos sonreír en su nuevo hogar, sabíamos que su lucha había valido la pena.

El impacto del éxodo del Mariel

El éxodo del Mariel cambió para siempre la historia de la

comunidad cubana en EE.UU. Si bien la mayoría de los exiliados lograron integrarse y prosperar, la llegada masiva de personas en tan corto tiempo generó tensiones dentro y fuera de la comunidad cubana. Muchos de los exiliados anteriores, que habían llegado en los años 60, vieron a los "marielitos" con recelo, considerándolos diferentes en cultura y educación.

La discriminación no solo vino de los estadounidenses, sino también de otros cubanos que habían escapado antes y se consideraban parte de una "élite exiliada". A pesar de estos obstáculos, los marielitos fueron fundamentales en la transformación de Miami en una metrópoli latina vibrante. Muchos de ellos trabajaron en la construcción, el comercio y la industria, contribuyendo al crecimiento de la ciudad.

Hoy, décadas después, la historia del Mariel sigue siendo una herida abierta para muchos. Algunos nunca pudieron superar el estigma, otros lograron triunfar a pesar de él. Pero todos comparten un mismo dolor: el de haber sido arrancados de su tierra y obligados a empezar de nuevo en un país que, aunque les ofreció refugio, nunca los recibió completamente con los brazos abiertos.

"Nos fuimos porque no teníamos otra opción. Nos llamaron traidores en Cuba y criminales en EE.UU. Pero solo éramos personas buscando un futuro mejor. El Mariel fue nuestra única salida, y el mar nuestro único testigo." El éxodo del Mariel fue más que una crisis migratoria. Fue un reflejo de un país roto, de un pueblo que, una y otra vez, ha tenido que lanzarse al mar para escapar del yugo de la dictadura. Fue un capítulo más en la larga historia del exilio cubano, una historia escrita con lágrimas, sacrificio y la eterna búsqueda de la libertad.

El Mundo a Sus Pies: La Historia de Luis Arteaga

La radio sonaba con su interferencia habitual cuando Luis giró el dial, buscando algo interesante mientras la brisa de Baracoa movía las hojas de los cocoteros. Su esposa acomodaba la pequeña balsa inflable para su hija, y el sonido de las olas lo tranquilizaba. De pronto, la voz de un locutor lo sacó de su ensueño.

—"¡Última hora! En estos momentos, más de 5,000 cubanos han tomado el consulado del Perú en La Habana, buscando la libertad..."

Luis se quedó inmóvil. ¿Cómo? Volvió a girar el dial. La misma noticia.

—"¡Esto no puede ser verdad!"— murmuró.

Pero lo era. En cuestión de segundos, sintió un torbellino de pensamientos. "Si hay 5,000 dentro... yo seré el 5,001".

Se levantó de un salto y caminó hacia su esposa.

—Recoge todo. Nos vamos.

Ella lo miró con incredulidad.

—¿Qué dices, Luis? Apenas acabamos de llegar.

—No voy a perder esta oportunidad. Nos vamos al consulado. ¡Voy a salir de Cuba!

Su esposa le sostuvo la mirada. Sabía lo que esto significaba. Nunca había sido un secreto que Luis no soportaba el sistema, que su mente siempre estaba en otro lugar, en otro país, en otra vida. Pero esta vez, él hablaba en serio.

—No me voy a ir —dijo con voz firme—. No puedo dejar todo atrás.

Luis sintió un nudo en la garganta.

—No te estoy pidiendo que me sigas —su voz tembló un poco—, pero sí quiero llevarme a la niña.

El ambiente se tensó de inmediato. Su esposa negó con la cabeza.

—Eso no va a pasar.

El intercambio se convirtió en discusión, luego en súplica. Su madre tuvo que intervenir, los vecinos se asomaban a las ventanas. Finalmente, Luis entendió que se iría solo.

No hubo más que hacer. Con unos pocos pesos, unas cajetillas de cigarros y una determinación inquebrantable, tomó la guagua rumbo a Quinta Avenida.

Al llegar, la escena era caótica: una marea de personas empujaba y forcejeaban para entrar al consulado. Los guardias estaban a punto de bloquear la entrada. Sin pensarlo dos veces, se lanzó entre la multitud y logró meterse dentro.

Minutos después, vio cómo llegaban camiones militares cargados de soldados. Cerraron el acceso. Él había sido uno de los últimos en entrar.

Dentro del consulado, la espera fue insoportable. No había comida, no había espacio para moverse, y el calor era asfixiante. El gobierno pretendía dejarlos morir de hambre. Pero la presión internacional obligó a la dictadura a ceder, y días después, Luis abordó un avión con destino a España.

Un Nuevo Mundo

Aterrizó en Madrid con una mezcla de alivio y miedo. La Cruz Roja Internacional les dio cobijo por unos meses, pero luego empezó la verdadera lucha. Sin documentos, sin trabajo estable, sin conocer a nadie.

Lavó platos en bares, trabajó como obrero de construcción, vendió postales en las calles de Madrid. Se trasladó a Benidorm, donde comenzó a trabajar en discotecas. Luego probó suerte en las Islas Canarias, donde se enamoró de una holandesa. Se casaron y juntos se mudaron a Países Bajos, donde Luis decidió hacer algo que siempre había querido: conducir camiones.

Durante 14 años, recorrió el mundo desde la cabina de un camión. Atravesó el Círculo Polar Ártico, cruzó el Estrecho de Gibraltar, llegó hasta la frontera de China con Mongolia. Europa, Asia, África. Luis vio más del mundo del que jamás imaginó mientras vivía en Cuba.

A pesar del esfuerzo, la vida en Holanda no fue fácil. La diferencia de cultura, el idioma, la burocracia... Siempre sentía que estaba un paso atrás. Tras su divorcio, decidió empezar de nuevo en otro país.

Su destino: Estados Unidos. El Sueño Cumplido

En el año 2000, Luis llegó a EE.UU. con una nueva meta: tener su propia empresa de transporte y comprar su propio camión. Trabajó incansablemente hasta lograrlo. Hoy ha viajado por todos los estados, cruzó Canadá y llegó hasta Alaska.

Pero algo seguía faltando. El gusanillo del viajero seguía dentro de él. Cuando finalmente se retiró en julio de 2023, decidió no quedarse quieto.

—¿Y ahora qué, Luis? —le preguntó su esposa mientras empacaban la última caja en su camioneta Mercedes Benz Sprinter.

Él sonrió.

—Ahora vamos a recorrer lo que nos falta.

Un Viaje Sin Final

Hoy, Luis Arteaga sigue viajando. Ha cambiado los camiones por una van equipada para recorrer América. Junto con su esposa y sus dos perritas, recorre México, Centroamérica y planea llegar hasta Argentina.

—Yo no sé quedarme quieto —dice en sus videos de YouTube, donde documenta cada paso de su travesía—. El régimen cubano me negó el mundo, así que ahora me lo estoy comiendo entero.

Su canal es un éxito. Miles de personas siguen sus viajes, en sus videos te muestra donde va, como es el día a día de su nueva etapa en la vida, te enseña lugares nuevos, y con su narrativa descriptiva que es muy buena, ayuda a muchos a ir inspirándose en su historia de lucha y resiliencia.

Ha pasado hambre, miedo, soledad, pero ha visto el mundo con sus propios ojos.

El mismo mundo que Cuba le prohibió.
Youtube: Dostrotamundos
Instagram: @luisarteaga775
Y todavía no ha terminado.

Me alegra mucho contar con Luis entre mis escasos amigos y que me permitiese añadir parte de su vida que es impresionante en este libro.

Capítulo 3
Rafael Del Pino
General del Ejercito Occidental

La historia de Rafael del Pino Díaz es una de transformaciones, lealtades rotas y un cambio de rumbo que lo llevó de ser un joven combatiente de la Revolución Cubana a convertirse en uno de sus más duros críticos tras su deserción en 1987. Su vida refleja la complejidad de la política cubana y la evolución de un hombre que, desde la primera línea de combate, vivió el auge y el desencanto del sistema que ayudó a consolidar.

Juventud y lucha contra Batista Desde temprana edad.

En diciembre de 1955, cuando tenía apenas 17 años, se unió al Movimiento 26 de Julio, la organización guerrillera liderada por Fidel Castro que tenía como objetivo el derrocamiento del régimen de Fulgencio Batista.

Su participación en actividades subversivas no pasó

desapercibida y a inicios de 1957, fue arrestado y enviado a prisión por las fuerzas de Batista. La brutalidad del régimen contra los opositores fortaleció su determinación de lucha. Tras ser liberado, se exilió en Venezuela, donde se integró a los movimientos revolucionarios locales.

Su estancia en Venezuela no estuvo exenta de dificultades. En su afán por continuar la lucha contra dictaduras en la región, participó en un levantamiento contra el gobierno de facto de Marcos Pérez Jiménez, lo que le llevó a ser detenido nuevamente. Su activismo y su convicción revolucionaria lo convirtieron en un combatiente experimentado, pero su verdadero destino aún lo esperaba en su tierra natal. De regreso a Cuba: La lucha guerrillera

A principios de 1958, en un momento crucial para la Revolución Cubana, Del Pino decidió regresar a Cuba y unirse a las fuerzas guerrilleras en la Sierra Maestra. En las montañas orientales del país, donde Fidel Castro y sus comandantes llevaban a cabo una guerra de guerrillas contra el régimen de Batista, del Pino ascendió rápidamente en las filas rebeldes.

Para finales de ese año, con Batista al borde del colapso, Rafael del Pino ya había alcanzado el rango de teniente primero. Su participación en las ofensivas finales de la Revolución consolidó su posición dentro del nuevo régimen que se instauraría con el triunfo de la Revolución el 1 de enero de 1959. El ascenso en la Fuerza Aérea Cubana

Con la llegada de Fidel Castro al poder, Del Pino no solo se mantuvo en el sistema, sino que se unió a la naciente Fuerza Aérea Revolucionaria en 1959, comenzando su formación como piloto de aviones de combate. Este fue el inicio de una carrera militar que lo llevaría a destacarse en la defensa del régimen revolucionario en momentos clave.

Su prueba de fuego llegó en 1961, durante la invasión de Bahía de Cochinos. Como piloto de un Lockheed T-33 Shooting

Star, participó activamente en la defensa del régimen, derribando dos aviones de la Brigada 2506 y hundiendo barcos de los exiliados cubanos respaldados por la CIA. Su desempeño en los combates le valió el reconocimiento de Fidel Castro, quien lo condecoró como "Héroe de Playa Girón".

A lo largo de la década de los 60 y 70, del Pino siguió ascendiendo en la jerarquía militar. Se convirtió en un asesor cercano de Castro en asuntos de la Fuerza Aérea, lo que le permitió conocer a fondo la estrategia militar del régimen. En 1965, se graduó en la prestigiosa Escuela de Guerra "Yuri Gagarin" en la Unión Soviética y, posteriormente, fue asignado como comandante de la Fuerza Aérea en la región oriental de Cuba.

Misiones en el extranjero y su creciente desilusión

A medida que la Guerra Fría se intensificaba, Del Pino fue enviado en misiones internacionales que lo pusieron en contacto con otros conflictos en el mundo. Fue asesor militar en Vietnam Norte en 1969 y nuevamente entre 1975 y 1977, donde entrenó a pilotos vietnamitas en combate aéreo contra las fuerzas estadounidenses.

Además, fue comandante de la primera fuerza aérea expedicionaria cubana en Angola, donde Cuba tenía una fuerte presencia militar apoyando al gobierno comunista en su guerra civil contra fuerzas respaldadas por Sudáfrica y Estados Unidos.

Sin embargo, su descontento con el régimen comenzó a crecer. Del Pino fue testigo del autoritarismo y la corrupción interna del gobierno cubano, así como del sacrificio innecesario de soldados cubanos en conflictos extranjeros. Empezó a cuestionar las decisiones de Fidel Castro y la falta de libertades en la isla.

Deserción y exilio en Estados Unidos

Para 1986, debido a problemas de salud y a su creciente oposición al régimen, Del Pino fue apartado de las misiones de vuelo. Esto, sumado a problemas familiares y su desencanto con el sistema, lo llevó a tomar una de las decisiones más audaces de su vida.

El 28 de mayo de 1987, pilotando un Cessna 402, del Pino desertó de Cuba junto con su esposa, muy querida en mi familia y una verdadera belleza y sus hijos, volando directamente a Key West, Florida. La deserción de un general de la Fuerza Aérea fue un golpe devastador para el régimen de Fidel Castro, que intentó minimizar el impacto del suceso en los medios de comunicación estatales.

En Estados Unidos, Rafael Del Pino se convirtió en un crítico del régimen cubano, denunciando las violaciones de derechos humanos, la falta de libertades y la manipulación del pueblo cubano por parte del gobierno comunista.

Legado y críticas al castrismo

En su exilio, Del Pino escribió libros y artículos denunciando los abusos del régimen y exponiendo las mentiras que Fidel Castro había utilizado para mantenerse en el poder. En 1996, cofundó el Consejo Militar Cubano-americano (CAMCO), una organización que buscaba preparar un gobierno en el exilio para una eventual transición democrática en Cuba.

A lo largo de los años, Del Pino ha sido una de las voces más destacadas en la denuncia de la represión cubana, testificando en congresos y foros internacionales sobre la realidad de la isla.

Conclusión

La historia de Rafael Del Pino es un reflejo de la evolución de muchos cubanos que, en su juventud, creyeron en la Revolución solo para descubrir con el tiempo que era una dictadura disfrazada de justicia social. Su transformación de guerrillero revolucionario a exiliado opositor simboliza la desilusión de aquellos que lucharon por un ideal y luego fueron traicionados por la realidad del régimen.

Hoy en día, Del Pino sigue siendo un símbolo de resistencia y valentía, un testigo directo de los engaños de Fidel Castro y su hermano Raúl Castro que crearon un sistema de corrupción donde solo ellos son los beneficiarios, un ejemplo de cómo incluso los más leales al sistema pueden darse cuenta de la verdad y luchar por un futuro mejor para el pueblo que los respeta y admira.

Capítulo 4
El piloto que burló dos veces a Fidel Castro
Una historia de audacia y amor

El 20 de marzo de 1991, el mayor de la Fuerza Aérea Cubana, Orestes Lorenzo Pérez, tomó una decisión que cambiaría su vida para siempre. Durante lo que debía ser un vuelo de entrenamiento rutinario, giró los controles de su caza MiG-23BN y enfiló su avión hacia el norte, dejando atrás la isla que lo vio nacer y enfrentando un futuro incierto en los Estados Unidos. Su destino ya no era Cuba, sino la libertad.

El MiG-23BN, un caza bombardero de fabricación soviética era en ese momento una de las aeronaves más avanzadas de la Fuerza Aérea Cubana, un símbolo del poderío militar que la Unión Soviética proporcionaba a la isla. Sin embargo, con la inminente caída del bloque comunista y el colapso de la URSS, Cuba se encontraba en crisis, aferrándose a un modelo económico y político que ya no tenía sustento. Lorenzo, como muchos otros, se hartó del régimen de Fidel Castro, pero su historia no solo sería la de una deserción. Sería la de una hazaña sin precedentes, desafiando las amenazas de Raúl Castro, hermano de Fidel y ministro de las Fuerzas Armadas Revolucionarias, quien dijo: "Si tuvo **cojones** para llevarse el avión, que venga a buscar a su familia". Lorenzo tomó el reto y así lo hizo.

Meses después de su llegada a Estados Unidos, sin poder soportar la idea de que su esposa y sus hijos permanecieran atrapados en Cuba, Lorenzo diseñó un plan aún más arriesgado. A bordo de una pequeña avioneta Cessna 310, voló sin autorización hacia la isla, aterrizando en una carretera en Matanzas, donde su familia lo esperaba. En cuestión de minutos, logró abordar a su esposa y a sus hijos y emprendió el vuelo de regreso, esquivando el radar cubano y evitando la interceptación de los cazas del régimen.

Fue un acto de valentía inigualable, un desafío directo a la dictadura castrista y una demostración de que el amor y la determinación pueden superar cualquier obstáculo. Su historia se convirtió en símbolo de la lucha por la libertad, y su audaz rescate quedó grabado como una de las mayores gestas en la historia del exilio cubano.

La deserción en un caza MiG-23BN

Orestes Lorenzo no era un piloto cualquiera. Era un héroe de guerra en Cuba, un hombre condecorado por su servicio y con una reputación impecable dentro de las Fuerzas Armadas. Su decisión de desertar no fue tomada a la ligera. Sabía que, al hacerlo, no solo arriesgaba su vida, sino que también condenaba a su familia a una posible represalia del régimen.

Aquella mañana de marzo, al despegar de su base en San Antonio de los Baños, Lorenzo tenía claro su plan. En un movimiento calculado y audaz, desvió su MiG-23BN en dirección al Estrecho de Florida y en cuestión de minutos alcanzó la Base Aérea Naval de Key West, Florida, donde aterrizó sin previo aviso. Los soldados estadounidenses quedaron atónitos ante la repentina aparición de una aeronave enemiga.

Rápidamente, fue rodeado por militares estadounidenses, que no sabían si su llegada era un ataque o una rendición. Lorenzo descendió del avión con las manos en alto, declarando que venía en busca de asilo político. Su escape fue una humillación para el gobierno cubano, que vio cómo uno de sus propios pilotos, altamente capacitado, desertaba con una de sus mejores aeronaves.

El gobierno de Fidel Castro reaccionó con furia. No solo lo declararon traidor a la patria, sino que también tomaron represalias inmediatas contra su familia, que quedó atrapada en Cuba bajo estrecha vigilancia. A pesar de la presión internacional, el régimen cubano se negó a permitir que su esposa y sus hijos se reunieran con él en Estados Unidos.

El desafío del régimen cubano y la misión imposible

Después de varios meses de negociaciones infructuosas, Lorenzo comprendió que el régimen no tenía intención alguna de dejar salir a su familia. Castro lo desafió a regresar si realmente quería reunirse con ellos, probablemente esperando capturarlo y hacerlo pagar por su traición.

Pero Lorenzo no tenía intención de rendirse. Si el gobierno cubano no permitía la salida de su esposa e hijos, él mismo iría a buscarlos.

Era una idea suicida. Cuba tenía una de las defensas aéreas más sofisticadas de América Latina, con una red de radares y sistemas de interceptación diseñados para evitar incursiones enemigas. Cualquier avión no autorizado que ingresara en su espacio aéreo sería derribado sin advertencia.

Pero Lorenzo no era un piloto común, y estaba dispuesto a arriesgarlo todo por su familia, además que le sobraba los **cojones** que el gobierno le retaba a tener, si fue capaz de poner su vida en peligro en la guerra de Angola luchando por los intereses de gobierno, como no tendría el coraje de darlo todo por el bienestar y la libertad de su familia.

El audaz rescate en un Cessna 310

El 19 de diciembre de 1992, Lorenzo puso en marcha su plan. Adquirió un Cessna 310, una avioneta de doble motor fabricada en 1961. Sin armas, sin escolta y sin autorización de ningún gobierno, volaría de regreso a Cuba para rescatar a su familia.

Partió desde Maratón, Florida, con una estrategia clara: volar a baja altitud para evitar los radares y aterrizar en una carretera que va desde la ciudad de Cárdenas provincia de Matanzas hasta la ciudad de Varadero una carretera prácticamente nueva en aquellos tiempos y con características propias de una pequeña pista de aviones de pequeño fuselaje, este fue un punto previamente acordado con su esposa. La misión debía completarse en cuestión de minutos.

En un vuelo tenso y solitario, logró evadir la detección de las defensas cubanas y aterrizó en una autopista cercana a Varadero. Su esposa Victoria y sus dos hijos, Reyneil y Alejandro, lo esperaban el punto exacto, sabiendo que solo tendrían segundos para abordar.

En menos de un minuto, los tres subieron a la avioneta y Lorenzo despegó de inmediato. Con la adrenalina al máximo, realizó maniobras evasivas para evitar cualquier posible intercepción, y en cuestión de minutos habían cruzado el Estrecho de Florida, alcanzando aguas internacionales y la seguridad de la libertad.

Impacto y repercusiones

La hazaña de Orestes Lorenzo recorrió el mundo. Los medios internacionales lo presentaron como el hombre que desafió dos veces a Fidel Castro y su hermano Raúl y salió victorioso y un orgullo para la comunidad cubanoamericana en el exilio especialmente el exilio de Miami que lo recibió como un héroe, y su historia inspiró a miles de exiliados.

El gobierno cubano, por su parte, guardó silencio sobre el incidente. La vergüenza de haber sido burlados por un solo hombre fue demasiado grande. No emitieron ningún comunicado oficial, ni siquiera mencionaron la fuga en los medios estatales.

Por su parte, Lorenzo y su familia se establecieron en Estados Unidos, donde pudieron reconstruir sus vidas lejos de la persecución del régimen.

Reflexión final: Un amor más fuerte que la dictadura

La historia de Orestes Lorenzo no es solo la de un piloto que desertó de Cuba. Es la historia de un hombre que desafió a un régimen totalitario para estar con su familia. Es la historia de un amor que superó el miedo, el peligro y la represión.

A lo largo de la historia cubana, han existido muchas hazañas de valentía y resistencia, pero pocas pueden compararse con la de Lorenzo. No solo logró escapar, sino que también regresó a desafiar el sistema represor y lo venció.

Hoy en día, su historia sigue siendo un símbolo de esperanza y lucha para aquellos que buscan la libertad. Mientras existan regímenes opresivos, siempre habrá hombres y mujeres dispuestos a arriesgarlo todo por aquello que más aman.

¡GRACIAS POR LLEGAR HASTA AQUÍ!

Nos encantaría saber qué te ha parecido este libro.
Te invitamos a escanear el código QR y dejarnos tu opinión más sincera.
Tu retroalimentación es muy valiosa para nosotros.

Capítulo 5:
La Última Noche en Cuba

El escape de un país nunca es improvisado. Puede parecer un acto de locura o de desesperación, pero detrás de cada intento hay semanas, meses o incluso años de planificación silenciosa. Para los que decidimos huir de Cuba en 1991, el mar no era solo un cuerpo de agua; era una frontera que separaba la opresión de la libertad.

Yo sabía que no podía contarle mi plan a nadie más que a quien estuviera dispuesto a irse conmigo. Entre los amigos y conocidos, los ojos y oídos de la Revolución acechaban en cada rincón. Pero mi mejor amigo, mi hermano entre todos mis amigos, era el único que debía saberlo, aun así, siendo militar, su única respuesta fue clara:

—No me cuentes nada. Solo ven a buscarme cuando llegue el momento.

Cuando todo estuvo listo tenía que recoger a Alberto y no podía ir en el carro No podía arriesgarme a mover mi carro, ya que estaba oculto y cualquier movimiento sospechoso podría alertar a las autoridades. Así que tomé la única opción segura: una bicicleta pedaleé desde el Cerro hasta La Habana Vieja, con la adrenalina corriendo por mis venas. Cada persona que cruzaba en la calle podía ser un informante. Cada patrulla, una posible detención. Pero logré llegar sin problemas y recoger a mi fiel amigo.

De vuelta, el viaje de La Habana Vieja al Cerro fue igual de tenso, mientras preparaba cada detalle, él esperó. El plan original era venir en una avioneta rusa de fumigación. Para eso, mi prima Anabel y su familia se incluyó en la travesía, quizá por exceso de amor hacia nosotros o por protegernos, ya que ninguno tenía conocimientos de vuelo, mi querida prima hablo, el plan fracasó y de un momento a otro, tuvimos que escondernos y modificarlo todo.

Alberto y el telegrama

Cerca de Diez días estuvo mi familia escondida en Cárdenas mientras El León, mi amigo comunista, el guía que nos ayudaría a escapar y que vivía en Varadero, me ayudaba con la nueva embarcación y me daba refugio en una cueva que había en la entrada de su casa. Mientras estaba en Cárdenas, Alberto el militar, quien ya estaba clasificado como desertor, salió una mañana para enviar un telegrama. Era un riesgo enorme, pero necesitábamos comunicarnos con alguien en La Habana para coordinar los últimos detalles.

Caminó con el rostro cubierto por una gorra y los hombros encorvados, tratando de no llamar la atención. Al llegar al correo, sintió que la tensión lo ahogaba. Mientras llenaba el formulario, una voz familiar lo sobresaltó.

—¡Alberto! ¡Eres tú! —exclamó Holly, mi cuñada, con sorpresa y alegría.

El corazón de Alberto se detuvo por un instante. En cuestión de segundos, tuvo que reaccionar. Sabía que, si ella lo reconocía y alguien más lo escuchaba, su escape terminaría antes de siquiera comenzar.

—Perdón, señorita, creo que me confunde —respondió con

voz grave, sin mirarla directamente.

Holly lo observó fijamente por un instante, y aunque la duda surcó su rostro, no insistió. Alberto terminó rápidamente su gestión y salió del correo con el pulso acelerado. Sabía que había estado al borde del abismo.

El escape final

La noche del 27 de junio de 1991, nos dirigimos a Playa Las Morlas, en Varadero. Esperamos a que la tormenta cesara. Sabíamos que, justo después de la turbonada, el mar estaría más tranquilo y los guardias, confiados, no estarían en alerta. Tal como predijo un viejo pescador, los guardias jugaban dominó, ajenos a nuestra presencia. Llevamos un pequeño perrito, un compañero de viaje cuyo único propósito era distraer a mi hija, evitando que hablara demasiado y nos delatara. La luna llena iluminaba nuestro camino, pero las nubes restantes de la tormenta nos protegían.

Nuestro bote era una embarcación precaria, plástica mal reparada, no estábamos preparados como marineros ni conocíamos las corrientes del mar. Solo llevábamos una brújula militar rusa en la que, francamente, no confiábamos demasiado. Nuestro motor tenía apenas 2 caballos de fuerza, insuficiente para una travesía larga, pero era lo único que teníamos.

Salimos en la noche, luego de la tormenta, por la playita que se encuentra donde antiguamente estaba ubicado el Puesto de Guarda fronteras de Varadero, Playa Las Morlas. A pesar de la luna llena, las aguas seguían muy tranquilas y la oscuridad causada por las nubes restantes de la tormenta nos protegía, era nuestra mayor aliada. Recientemente descubrí, mientras hacia las investigaciones para este libro, que esa noche hubo eclipse de luna, en ese momento entendí que la vida no estaba en mi contra en aquellos días, sino que estaba gestionando lo más apropiado para nuestro escape y una vez más pude comprobar mi estrecha relación con los eventos lunares que siempre han estado presentes en mi vida.

El León mi amigo nos encaminó el bote hasta un lugar seguro después de la última bolla y sin despedirse salto al bote que arrastraba y se alejo fue una sorpresa pare mí, yo solo quería despedirme con un abrazo en realidad le tenía mucho carriño a pesar de siempre desconfiar que me fuera a delatar, yo no concebía como el, un comunista tan extremista me ayudaba de esa manera, creo que también yo le simpatizaba mucho

Pero en un instante, todo cambió. Él se llevaba el agua y también se llevó parte de las provisiones. Mi amigo, el guía, el hombre que nos había ayudado a planear la salida, el regresaba a tierra firme en la embarcación que arrastraba. Nos dimos cuenta demasiado tarde: los remos estaban en su bote, solo nos quedó una botella de agua que guardamos para la niña, ya no podíamos regresar. No podíamos gritar. El mar nos arrastró a nuestro destino.

El Primer Gran Peligro
El Buque Mercante

Apenas una hora después de zarpar, la oscuridad se hizo más densa. No veíamos nada. Solo oíamos un ruido extraño, un sonido que se acercaba cada vez más.

Miré al cielo y vi una luz roja.

Por un momento, mi corazón se detuvo. No sabía si era una señal, un avión, una patrulla, o algo peor. Pero pronto lo entendimos: era la luz de un barco mercante gigantesco que se dirigía directamente hacia nosotros.

Las opciones eran mínimas. Si seguíamos recto atravesando las olas creadas por su paso podrían volcar nuestro frágil bote sobrecargado. La única posibilidad era maniobrar en la misma dirección del barco para minimizar el impacto. Nos acercamos tanto que, si hubiéramos querido, habríamos podido tocarlo. Fue el momento más aterrador de la travesía.

Pero contra todo pronóstico, el mar nos dio tregua. No hubo olas gigantes, no hubo tragedia. Pasamos una noche oscura pero tranquila.

El Amanecer y la Ilusión de Tierra

El sol salió, dorando las aguas del mar, y con él, la esperanza de que nuestro destino estaba cerca. Pero el mar juega con la mente de los inexpertos. A lo lejos, comenzamos a ver sombras extrañas. Creímos ver edificios, barcos, incluso naves imposibles. Eran solo ilusiones ópticas creadas por el cansancio y la ansiedad.

Después de casi 10 horas navegando, vimos una embarcación en el horizonte. No era un barco militar, ni una patrulla, sino un grupo de pescadores. Encendimos una bengala para llamar su atención. Cuando se acercaron, les preguntamos:

—¿Dónde estamos?

Uno de los pescadores sonrió y dijo:

—A ocho millas de Cayo Hueso. Bienvenidos a Estados Unidos.

Mi cuerpo se derrumbó en lágrimas. Creo que Lloré por más de 45 minutos sin parar.

No era solo el alivio de haber sobrevivido, sino el peso de haber dejado todo atrás y la satisfacción de haber alcanzado el sueño de mi juventud, escapar de las garras de esa dictadura y evitar que mi hija creciera bajo esa doctrina.

El Rescate

Los pescadores hicieron una llamada y en menos de 10 minutos, una imponente nave de guerra color blanco con una línea roja se acercaba hasta que llegó a nuestra ubicación. No era solo un barco, era una fortaleza flotante.

Nos ayudaron a subir a bordo, nos dieron agua, nos revisaron. Nos trataron con una humanidad que en Cuba nos habían negado.

Habíamos logrado lo imposible.

El Último Adiós a Cuba

Subir a bordo del barco de la Guardia Costera de los Estados Unidos fue el primer momento en el que sentimos seguridad real. Por primera vez en días, no dependíamos de un motor de 2 caballos de fuerza, ni de la incertidumbre del mar. Nos recibieron con seriedad, pero también con humanidad. Un oficial con uniforme azul se acercó a nosotros. En su chaqueta se leía su nombre o apellido: LEE.

Nos habló con calma, con un tono que no dejaba dudas de que su intención no era aterrorizarnos, sino ayudarnos a comprender el proceso. Nos ofrecieron mantas, algo de agua y nos sometieron a un breve interrogatorio.

—¿Su intención es llegar a Estados Unidos?

La pregunta parecía absurda, pero era necesaria. Aunque nuestras caras reflejaban el cansancio, el miedo y la emoción del momento, ellos debían asegurarse de que realmente deseábamos seguir adelante. Respondimos que sí, sin titubear.

Luego vino una explicación que ninguno de nosotros esperaba:

—Debemos hundir su embarcación. No podemos permitir que queden rastros que puedan generar confusión.

Nos permitieron mirar por una ventana mientras lo hacían.

Primero, le dispararon múltiples proyectiles, rompiendo la frágil estructura del bote. Luego, lo incendiaron hasta que se hundió completamente en el mar.

Aquel fue un momento extraño. Nuestro bote no era más que un cascarón improvisado, un símbolo de nuestra desesperación, pero verlo desaparecer en las profundidades nos dejó una sensación de vacío. Era como ver desaparecer el último vínculo tangible con Cuba.

Patrullando la costa cubana

Aún con todo el alivio que sentíamos, el miedo no desapareció del todo. Después de la inspección inicial, el oficial Lee nos explicó algo que nos sorprendió aún más:

—Vamos a patrullar la costa cubana antes de regresar a Cayo Hueso.

Nos miramos sin saber qué responder. Estábamos en un barco estadounidense, pero volveríamos a navegar cerca de la isla de la que acabábamos de huir. Era un pensamiento aterrador.

Nos explicaron que la Guardia Costera de los Estados Unidos patrullaba la zona constantemente y también rescataba a los balseros que lograban salir, ayudándolos a llegar a un destino seguro o devolviéndolos en algunos casos, dependiendo de las leyes vigentes en cada momento. A pesar de la seguridad del barco, ninguno de nosotros pudo dormir, nos cubrimos con las mantas que nos habían dado, pero el frío era intenso. El cuerpo estaba a salvo, pero la mente seguía en estado de alerta.

El Último Vistazo a La Habana

No sé exactamente a qué hora de la madrugada Lee vino a buscarnos. Su expresión era la misma de antes: seria, pero con un dejo de comprensión en los ojos.

—Si lo desean, pueden salir a cubierta. El capitán ha autorizado que vean La Habana quizás sea por última vez.

Mis piernas se sintieron débiles al escuchar esas palabras. Cuando escapamos en la noche, nunca miré hacia atrás. No tuve el valor de ver cómo quedaba todo detrás de mí. Me aferré a la idea de que, si me giraba, algo me haría volver.

Subimos a cubierta. El aire de la madrugada era helado, pero lo ignoramos. A lo lejos, en la línea del horizonte, se distinguían las luces de La Habana ahora estaba allí, con la oportunidad de ver mi ciudad natal desde la distancia, ¿por última vez?, estuvimos parado varias horas frente el hotel Riviera es increíble como desde tan lejos se podía detallar con un grado de exactitud toda la ciudad, hasta se podía ver las personas.

Mi madre observó en silencio. Mi esposa abrazó a nuestra hija, que aún no comprendía la magnitud de lo que estaba ocurriendo. Yo simplemente me quedé ahí, inmóvil, sintiendo una mezcla de nostalgia y alivio.

Pensé en todo lo que dejaba atrás. Pensé en mi amigo que nos ayudó a escapar y que ahora seguía en la isla, arriesgando su vida por nosotros.

Pensé en las calles que había caminado durante años, en las personas que nunca volvería a ver, en el país que una vez amé pero que ya no podía seguir llamando hogar.

No sé cuánto tiempo estuve allí, contemplando La Habana pensando que quizás esta sea la última vez. Solo sé que, cuando finalmente la ciudad desapareció en la distancia, supe que mi vida en Cuba había terminado

Llegada a Key West: Primer Paso en Tierra de Libertad

En la tarde del 29 de junio de 1991, llegamos a Key West,

pisando suelo estadounidense por primera vez como personas libres.

Pero la bienvenida no fue una celebración. La realidad del exilio comenzó de inmediato. Fuimos trasladados al Centro de detención para Inmigrantes de DHS Krome, un lugar que albergaba tanto a migrantes recién llegados como a otros casos legales pendientes.

No era una cárcel, pero tampoco era la libertad completa.

El proceso fue rápido para nosotros. Mi esposa, mi hija y yo estuvimos solo 24 horas detenidos. Mi madre y mi amigo Alberto pasaron un poco más de tiempo.

Al día siguiente, un tío de mi esposa vino a recogernos. Con su llegada, comenzó el verdadero episodio del migrante.

El Verdadero Desafío: La Vida Después del Escape

Escapar de Cuba fue solo la primera batalla. El exilio no es un final feliz. Es un nuevo comienzo, pero uno lleno de obstáculos. Llegamos sin nada más que la ropa que llevábamos puesta y una mezcla de esperanza y miedo.

Adaptarse a un nuevo país, aprender nuevas costumbres, comenzar desde cero sin dinero ni trabajo, era una prueba más difícil de lo que imaginábamos. Pero estábamos dispuestos a luchar.

En el fondo, sabíamos que habíamos ganado lo más importante: la posibilidad de decidir nuestro propio destino.

Aquel viaje terminó cuando llegamos a Estados Unidos. Pero la historia de nuestra libertad apenas comenzaba.

Después de pasar unos días en Miami, nos dimos cuenta de que aquella ciudad, aunque vibrante y llena de cubanos como nosotros, no era el lugar donde queríamos establecer nuestra nueva vida. Habíamos llegado a un país de oportunidades, un país donde por primera vez en nuestras vidas éramos dueños de nuestro destino. No podíamos quedarnos esperando a que la suerte nos sonriera; teníamos que tomar las riendas y construir un futuro para nuestra familia.

Miami era un refugio para muchos exiliados cubanos, pero en ese momento el trabajo era escaso. La competencia era feroz y aunque había solidaridad entre los que habían llegado antes, también era un lugar difícil para quienes apenas comenzaban de cero. No queríamos conformarnos ni depender de ayudas. Queríamos crecer, queríamos estabilidad, queríamos sentir que nuestra libertad tenía un propósito real.

Fue entonces cuando recibimos una propuesta que cambiaría nuestras vidas. Mi tío, que vivía en Las Vegas, Nevada, nos ofreció la posibilidad de mudarnos allí. Nos habló de mejores oportunidades de trabajo, de una economía más accesible y de una comunidad en crecimiento. No lo pensamos demasiado. Si algo nos había enseñado el escape de Cuba era que no podíamos temerle al cambio ni a lo desconocido.

Así fue como, el 4 de julio de 1991, tomamos un avión con destino a Las Vegas. Llegamos en el Día de la Independencia de los Estados Unidos, un símbolo poderoso que no pasó desapercibido para nosotros. Decidimos que ese día no solo sería recordado por la historia del país que nos acogía, sino también como el día de nuestra propia libertad.

Nuestra hija, con solo cuatro años, quedó maravillada al ver el cielo iluminado con fuegos artificiales, las celebraciones en las calles, la música y la alegría de la gente. Para ella, todo aquel espectáculo no podía ser otra cosa que la bienvenida a su familia, la celebración de que por fin éramos libres. No tuvimos el corazón para decirle lo contrario. Por años, creyó que toda la ciudad festejaba nuestra llegada. Cada 4 de julio, cuando las luces estallaban en el cielo, ella sonreía con la inocencia de quien cree que el mundo entero celebra su felicidad.

Con el tiempo, creció y comprendió la verdad. Pero aún

después de saberlo, cada Día de la Independencia seguía teniendo un significado especial para nosotros.

Las oportunidades en la ciudad del desierto. El sueño y la realidad

Las Vegas era completamente diferente a lo que habíamos imaginado. No era solo la ciudad de los casinos y el turismo; también era un lugar donde las oportunidades esperaban a quienes estaban dispuestos a trabajar duro. La llegada fue emotiva. Ahí nos esperaban mi abuelo Melo, mi tío José y mi abuela del alma. Fue un reencuentro cargado de emociones y llanto. Sabíamos que ahora nuestra lucha sería diferente, pero por primera vez en mucho tiempo, sentíamos que el miedo había quedado atrás.

Mimi fue una de las personas que más nos ayudó en este proceso. Nos abrió las puertas, nos guio en los primeros pasos y nos ayudó a encontrar estabilidad en un país donde todo era desconocido. Su apoyo fue fundamental para que pudiéramos salir adelante.

Al llegar, mi esposa y yo conseguimos trabajo en el Hotel Casino Gold Coast, un lugar donde aprendimos de todo: desde la disciplina del trabajo en un gran establecimiento hasta el valor de la perseverancia. Pasamos seis meses en aquel hotel-casino, trabajando largas horas, enfrentando el cansancio con la única motivación de que estábamos construyendo algo mejor para nuestra familia.

Pero nunca nos conformamos con la estabilidad de un empleo. Queríamos algo propio. Queríamos ser nuestros propios jefes.

Un día, mientras explorábamos diferentes posibilidades, surgió la idea de vender helados en un van. Parecía un negocio sencillo, pero tenía potencial. Si los helados podían venderse en las calles de Miami, ¿por qué no en Las Vegas, una ciudad donde el calor del desierto hacía que cualquier cosa fría fuera un tesoro?

Así comenzamos nuestro primer pequeño negocio. Con esfuerzo y dedicación, no solo logramos vender helados, sino que aprendimos a fabricar los carritos de helado para otros. Lo que empezó como un ingreso extra pronto se convirtió en una fuente de sustento más estable, un negocio que, con el tiempo, nos permitió crecer y vivir con mayor tranquilidad.

Nos reinventamos. Nos adaptamos. Nos convertimos en empresarios en un país donde el trabajo duro realmente daba frutos.

Cada día que pasaba en Las Vegas nos convencía más de que habíamos tomado la decisión correcta al dejar Cuba. No solo éramos libres, sino que finalmente podíamos soñar sin miedo.

Con el tiempo, diversificamos nuestros esfuerzos. También trabajé como cerrajero, un oficio que me permitió conocer la ciudad y comprender mejor la vida de aquellos que, como yo, buscaban un futuro mejor. Cada puerta que abría era un recordatorio de las puertas que habíamos cerrado en Cuba y las nuevas oportunidades que teníamos ahora.

Pero no nos detuvimos ahí. Logramos establecer una compañía de autobuses de turismo, un sueño que nos pareció imposible cuando llegamos con nada más que nuestra esperanza. Con el tiempo, aprendimos a navegar el mundo de los negocios y a construir una vida lejos de la opresión.

Los últimos 20 Años los pasamos conduciendo camiones de 18 ruedas con remolque por todos los estados, trabajando y paseando, como suelo decir los turistas mejor pagados.

Conclusión: El Precio de la Libertad

El escape no terminó al tocar suelo estadounidense. La libertad es un concepto complicado para quienes han vivido toda su vida en una dictadura. Llegamos sin nada más que la ropa que llevábamos y el miedo aún incrustado en el cuerpo.

El exilio no es un final feliz. Es una cicatriz que nunca se cierra por completo. Es una ausencia que nunca se llena.

Pero si me preguntas si valió la pena, si volvería a tomar ese bote, si volvería a arriesgarlo todo por la posibilidad de un futuro…

La respuesta siempre será sí.

Porque aquella noche de junio de 1991, el mar nos dio la oportunidad que Cuba nos negó: la oportunidad de ser libres.

Capítulo 6
"Un Paseíto de 80 Minutos"
El Plan: Un Vuelo Hacia la Libertad

Era una mañana de enero de 1992 en Varadero, y Germán Pompa-González, teniente de la Fuerza Aérea Cubana, se miraba en el espejo del baño con la misma expresión que un actor antes de su gran debut. Se alisó el uniforme de Cubana de Aviación, se ajustó la gorra y repitió en voz baja: "Hoy es el día".

Su plan era simple, al menos en teoría: engañar a los guardias del aeropuerto, fingir que era un piloto en un vuelo de rutina, recoger a su familia y amigos, y huir en helicóptero a Florida antes de que los cazas MiG-21 de la Fuerza Aérea Cubana lo hicieran volar en pedazos. "Nada complicado", pensó mientras intentaba ignorar el sudor frío que le resbalaba por la nuca.

Años de servicio le habían dado acceso a información valiosa: los cambios de turno de los guardias, las rutas de vuelo menos vigiladas y los horarios en los que la vigilancia era más relajada. Si bien había estado acumulando detalles desde hacía meses, aún tenía la incertidumbre de si lograra llevar a cabo la hazaña sin ser detectado. A fin de cuentas, un helicóptero Mi-8 no era precisamente un vehículo discreto.

Preparativos:
La Despedida Silenciosa

En casa, la tensión se podía cortar con un cuchillo. Su vecina le entregó un pequeño bolso con algunas pertenencias y le dio un fuerte abrazo. "Cuídate, Germán. Que Dios te proteja", le susurró al oído. Sus amigos y familiares sabían que no podía haber margen de error.

Uno de ellos incluso bromeó: "Si nos pillan, di que soy primo de Raúl Castro". "Si nos pillan, Miguel, no habrá tiempo para excusas", respondió Pompa con una sonrisa tensa.

En el aeropuerto de Varadero, dos de sus amigos lo esperaban ya disfrazados de tripulantes. Miguel, su cuñado y compañero en esta locura, ajustó su gafete de "copiloto" y se aseguró de que los guardias no sospecharan de su presencia. Mientras caminaban hacia la aeronave, Pompa tomó una última bocanada de aire. "Aquí vamos", pensó, sintiendo la adrenalina recorrerle el cuerpo.

El primer obstáculo fue un guardia aburrido, masticando un trozo de caña de azúcar como si el mundo le importara un pepino. "¿A dónde van, compañeros?", preguntó sin levantar la vista de su crucigrama. "Vuelo turístico. Un paseíto por la costa", respondió Pompa, esforzándose por parecer más relajado de lo que realmente estaba. El guardia asintió, incapaz de sospechar que ese "paseíto" acabaría en otro país.

La Fuga:
Despegue y Riesgo

El helicóptero despegó con normalidad. A los pocos minutos, Pompa viró bruscamente y se dirigió hacia un claro donde los otros 32 pasajeros esperaban, nerviosos como pavos en diciembre. "¡Rápido, rápido, rápido!", gritó Miguel, ayudando a los niños y a una señora con un saco lleno de lo que parecían ser plátanos.

__"¿Pero ¿cómo que plátanos, Señora?" "

__Mijo, nunca se sabe lo que uno se encuentra en el exilio".

Cuando el helicóptero estuvo lleno como una guagua a las cinco de la tarde, Pompa pegó un grito: "¡Nos fuimos!". Y vaya si se fueron. La máquina rugió y salió disparada hacia el norte, volando tan bajo que si hubiera habido pescadores en la zona habrían pensado que los estaban visitando los extraterrestres.

El momento más tenso llegó cuando Miguel, que intentaba mantener el ánimo de la tripulación, se volvió hacia Pompa y preguntó: "¿Crees que nos siguen?". Pompa, que había estado evitando mirar atrás, echó un vistazo al horizonte. Nada. "Por ahora no. Pero si venimos con esta suerte, capaz que llegamos y nos cae una inspección de Inmigración".

Tras ochenta minutos de pura tensión y oraciones a todos los santos, los radares estadounidenses captaron la aeronave y un Black Hawks vino a escoltarlos hasta el aeropuerto de Tamiami en Miami.

La Llegada: Un Nuevo Comienzo

Cuando aterrizaron, Pompa no pudo evitar reírse. "Bueno, llegamos", dijo, mientras todos saltaban del helicóptero abrazándose y celebrando.

__"Ahora, ¡a ver si nos dan un cafecito!".

Horas después, los reporteros se agolpaban a su alrededor preguntando cómo había logrado la huida. Pompa simplemente encogió los hombros y respondió: "Muchacho, cuando tienes la libertad en juego, hasta los plátanos vuelan".

La Reacción:
El Silencio de La Habana

Mientras en Miami se celebraba el inesperado aterrizaje del helicóptero de cubana, en La Habana reinaba el silencio. El gobierno cubano no tardó en declarar que lo sucedido era un acto de traición y exigió la devolución del helicóptero. Sin embargo, Pompa y sus 33 compañeros habían logrado lo que parecía imposible: burlar uno de los sistemas de seguridad más estrictos del Caribe y comenzar una nueva vida en libertad.

Días después, los periódicos de Florida lo describían como "la fuga más audaz del año". Para los cubanos en el exilio, Pompa se convirtió en un símbolo de valentía. Para el gobierno cubano, en una vergonzosa muestra de que ni siquiera dentro de las fuerzas armadas había fidelidad absoluta.

Con el paso del tiempo, la historia de Germán Pompa-González quedó como una de las más increíbles deserciones de la historia cubana. Su hazaña demostró que, cuando la libertad está en juego, hasta lo imposible se vuelve posible.

Y si algo quedó claro con esta historia, es que, en el exilio, uno nunca sabe lo que puede encontrar…

Hasta un saco de plátanos criollos…

Capítulo 7
La Crisis de los Balseros 1994

La historia de Cuba está marcada por olas migratorias forzadas, pero pocas han sido tan desgarradoras como la Crisis de los Balseros de 1994. La caída de la Unión Soviética en 1991 dejó a Cuba sin su principal apoyo económico, sumiendo a la isla en un período de miseria extrema, conocido como el Período Especial. La escasez de alimentos, medicinas y productos básicos se convirtió en el día a día de los cubanos, mientras el gobierno de Fidel Castro mantenía su control con puño de hierro.

Para miles de cubanos, el mar se convirtió en la única opción. La desesperación era tal que familias enteras, sin conocimientos de navegación, se lanzaron a las aguas del Estrecho de Florida en balsas improvisadas, con la esperanza de llegar a Estados Unidos.

Lo arriesgaban todo. Algunos murieron en el intento, devorados por tiburones o tragados por el océano. Otros fueron capturados por la Guardia Costera de EE.UU. y enviados a la base de Guantánamo. Y unos pocos, con suerte y determinación, lograron alcanzar la libertad.

Este capítulo recoge la historia de esas familias que, en medio de la crisis, decidieron escapar. También refleja el dolor de los que no llegaron, la lucha de los que construyeron balsas para otros y la incertidumbre de quienes quedaron atrapados entre dos mundos.

"Nuestro Último Día en Cuba" La Historia de la Familia Valdés

Maritza Valdés no quería abandonar su país. Amaba Cuba, pero la Cuba de su infancia, no la de 1994.

—Mi esposo y yo éramos profesionales —cuenta Maritza, recordando su vida en La Habana— Yo era maestra y él ingeniero, pero ya no importaba. Los salarios no alcanzaban ni para comer. No teníamos luz, no teníamos transporte, no teníamos futuro.

El hambre se había convertido en una pesadilla diaria. La gente cocinaba cáscaras de plátano y hervía cuero de res para hacer sopa. El gobierno implementó la "Opción Cero", donde cada familia tenía que sobrevivir con lo poco que le dieran por la libreta de racionamiento.

—Recuerdo que un día solo comimos té de hojas de guayaba porque no había nada más —dice con la voz entrecortada—. Eso no era vida.

El esposo de Maritza, Rogelio, comenzó a construir una balsa junto con un grupo de amigos. Durante meses, recolectaron tanques de gasolina vacíos, madera, sogas y neumáticos viejos. La noche del 7 de agosto de 1994, decidieron partir.

—Nos fuimos sin despedirnos de nadie —dice Maritza—. Si nos descubrían, nos metían presos.

Con ellos viajaban sus dos hijos pequeños, de 10 y 7 años, y otras tres familias. En total, eran 14 personas en una embarcación que apenas flotaba.

Cuando se alejaron de la costa, el miedo se transformó en esperanza. Por primera vez en años, sentían que tenían el control de sus vidas.

Pero el mar no perdona ni cree en tus sueños el solo está allí jugando su papel ecológico, no te conoce, así que no te puede desear ninguna tragedia y no es responsable de las precarias condiciones en que tienes que escapar por tu libertad.

El Terror en el Estrecho de Florida

La primera noche en el mar fue tranquila. Pero al amanecer, se dieron cuenta de que estaban a la deriva. El viento había cambiado, alejándolos de la corriente que los llevaría a Florida.

—Nos dimos cuenta de que no teníamos rumbo —cuenta Rogelio— La brújula fallaba, y el sol nos cegaba.

Pasaron dos días sin ver tierra. El agua potable se agotaba y el sol quemaba la piel. Los niños comenzaron a llorar de hambre y sed. Y entonces apareció la primera sombra en el agua.

—No fue una, fueron varias —recuerda Maritza, estremeciéndose—Tiburones.

Habían escuchado historias de balseros atacados por tiburones, pero verlo con sus propios ojos fue aterrador. Las bestias nadaban a su alrededor, esperando el primer descuido para atacar.

La desesperación creció.

—Algunos querían saltar al agua y nadar, convencidos de que estaban cerca de tierra. Pero era una locura.

El tercer día, cuando la duda crecía y la esperanza comenzaba a desvanecerse, un barco apareció en el horizonte. Era la Guardia Costera de los Estados Unidos, "estamos al menos a salvo, el mar no se quedó con la vida nuestra" fue lo primero que pensamos.

El Dilema: ¿Libertad o Guantánamo?

Cuando la Guardia Costera los rescató, pensaron que todo había terminado. Pero no era tan sencillo.

En 1994, tras la oleada masiva de balseros, el gobierno de Bill Clinton decidió cambiar las reglas de inmigración. Hasta ese momento, los cubanos que tocaban suelo estadounidense que eran recogidos por un barco oficial del gobierno podían acogerse a la política de "pies secos, pies mojados", que les permitía quedarse.

Pero ahora todo era diferente el presidente Bill Clinton tenía razones para desconfiar de los cubanos y prefirió procesarlos fuera del suelo americano para evitar conflictos como en el 1980.

Los Cubanos del Mariel en Arkansas y el Enfrentamiento con Clinton

Durante el éxodo del Mariel, más de 125,000 cubanos llegaron a Estados Unidos. La administración de Jimmy Carter los distribuyó en diferentes instalaciones militares mientras se sus solicitudes de asilo y antecedentes. Uno de estos lugares fue Fort Chaffee, una base militar en Arkansas.

Clinton, quien era el gobernador en ese momento en Arkansas, no fue consultado previamente sobre la llegada de más de 20,000 cubanos al estado. Muchos de estos inmigrantes eran refugiados comunes, pero también había un grupo de expresidiarios y enfermos mentales liberados por el régimen de Fidel Castro como parte de una estrategia para desestabilizar el éxodo.

El Motín en Fort Chaffee (1980)

El 1 de junio de 1980, miles de refugiados cubanos se amotinaron en Fort Chaffee, exigiendo su liberación y mejores condiciones. La protesta se tornó violenta cuando los refugiados rompieron cercas, salieron a las calles de los pueblos cercanos y entraron en conflicto con la policía y la Guardia Nacional. Se reportaron incendios, saqueos y enfrentamientos con las fuerzas del orden.

El motín generó una crisis política para Bill Clinton, quien se vio obligado a declarar estado de emergencia y a enviar tropas de la Guardia Nacional para restablecer el orden. La controversia sobre la llegada de estos refugiados a Arkansas y la gestión de la crisis fue utilizada en su contra cuando buscó la reelección como gobernador en 1980, lo que contribuyó a su derrota temporal ante Frank White. Sin embargo, Clinton regresó al cargo en 1982 y eventualmente se convirtió en presidente en 1993.

Conclusión

Bill Clinton se vio directamente afectado por la crisis de los refugiados cubanos del Mariel mientras era gobernador de Arkansas. Su enfrentamiento con el gobierno federal y la respuesta al motín de Fort Chaffee tuvieron un impacto político significativo en su carrera.

—Nos dijeron que no podíamos entrar a Estados Unidos —dice Maritza—. Nos llevarían a Guantánamo.

La familia Valdés fue trasladada a un campamento en la base naval de Guantánamo, Cuba, donde miles de balseros quedaron atrapados, sin saber cuál sería su destino.

—Estuvimos allí seis meses. Era como estar en una prisión a cielo abierto.

Los campamentos en Guantánamo eran improvisados, llenos de hacinamiento y condiciones difíciles. No era Cuba, pero tampoco era la libertad. Después de meses de incertidumbre, la familia Valdés fue aceptada en Estados Unidos. Pero muchos otros no corrieron con la misma suerte.

Los que no lo lograron

No todos los balseros tuvieron un final feliz. Miles murieron en el intento, ya fuera por la furia del mar, el ataque de tiburones o la indiferencia de las patrullas cubanas que disfrutaban haciendo zozobrar esas pequeñas embarcaciones repletas de sueños de libertad

Uno de esos casos fue el de Carlos Martínez, cuya hermana intentó escapar en 1994.

—Mi hermana tenía 24 años —dice Carlos— Lo último que supe de ella fue que salió en una balsa con otros cinco amigos. Nunca más los vimos.

Las autoridades estadounidenses encontraron los restos de su embarcación meses después, cerca de las costas de los Cayos de Florida. Pero nunca hallaron los cuerpos. Para Carlos, la pérdida de su hermana fue una herida que nunca sanó.

—Sabíamos que podía pasar, pero uno siempre piensa que la suerte estará de su lado. No fue así.

Los que ayudaron a otros a escapar

No todos los que participaron en la crisis de los balseros se lanzaron al mar. Algunos arriesgaron su propia seguridad construyendo balsas para otros.

Uno de ellos fue Manuel Estévez, quien aún vive en el exilio.

—Yo nunca me fui en una balsa, pero ayudé a construir más de diez —dice Manuel—. Lo hacía porque sabía que para muchos era la única oportunidad.

Manuel y su grupo recolectaban materiales en desuso, soldaban marcos de metal y aseguraban que las balsas tuvieran el mayor soporte posible. —No éramos expertos, pero hacíamos lo mejor que podíamos —dice—. Cada vez que una balsa partía, sentía que enviábamos almas al destino de su vida o a su muerte. Manuel finalmente logró salir de Cuba en 2007, gracias a la reunificación familiar. Pero nunca olvidó a los que se fueron antes que él. —Hoy, cuando miro el mar, no veo solo agua. Veo las almas de los que nunca llegaron.

Conclusión:
Una Tragedia que No Debe Olvidarse

La Crisis de los Balseros de 1994 fue un capítulo trágico en la historia de Cuba. Más de 35,000 personas se lanzaron al mar, y miles nunca fueron contados entre los sobrevivientes. Algunos llegaron. Otros desaparecieron. Pero todos compartieron el mismo deseo: vivir en libertad.

Capítulo 8
Que su sacrificio nunca se olvide.
El remolcador 13 de marzo

El 13 de julio de 1994, en plena madrugada, un grupo de 72 cubanos, entre ellos hombres, mujeres y niños, abordaron el remolcador "13 de marzo" con la esperanza de alcanzar las costas de Estados Unidos y escapar de la difícil situación que atravesaba Cuba durante el "Período Especial". Sin embargo, su travesía se convirtió en una tragedia cuando embarcaciones del gobierno cubano interceptaron y hundieron el remolcador, resultando en la muerte de 41 personas, incluidos los niños.

Testimonio de una sobreviviente

María Victoria, una de las sobrevivientes del trágico hundimiento del remolcador "13 de marzo" en 1994, vivió una experiencia que marcó profundamente su vida y la de su familia. En aquel fatídico 13 de julio, junto a 71 compatriotas, María Victoria buscaba alcanzar la libertad que les era negada en su tierra natal. Sin embargo, la travesía se convirtió en una pesadilla cuando embarcaciones del gobierno cubano interceptaron y hundieron el remolcador, resultando en la muerte de 37 personas, entre ellas 10 niños.

María Victoria perdió en el incidente a su hijo de diez años, Juan Mario Gutiérrez García, y a su hermano de veinte años, Joel García. Su testimonio revela la brutalidad de aquel acto: "Después de casi una hora de batallar en mar abierto, el bote dio vueltas alrededor de los sobrevivientes, creando un remolino para que nos ahogáramos. Muchos desaparecieron en los mares... Les pedimos que nos salvaran, pero solo se rieron, La tragedia no solo afectó a María Victoria, sino también a otros sobrevivientes como Gustavo Martínez Gutiérrez, quien perdió a su esposa, Juliana Enríquez Carrazana, y a su hija de casi seis meses, Helen. Gustavo describió el suceso como un "crimen premeditado por el gobierno cubano".

Tras el hundimiento, María Victoria enfrentó una intensa represión por parte del régimen cubano debido a sus denuncias públicas sobre lo ocurrido. A pesar de las amenazas y el dolor, se mantuvo firme en su lucha por la justicia y la verdad. En 1999, logró emigrar a Estados Unidos como refugiada política, donde continuó su labor de denuncia y apoyo a las familias afectadas por la tragedia. El legado de María Victoria García Suárez es un testimonio de resistencia y búsqueda de justicia frente a la opresión. Su vida y su lucha son recordatorios de la importancia de defender los derechos humanos y de no olvidar a las víctimas de actos de violencia estatal.

La Justificación del régimen

El 13 de julio de 1994, el remolcador "13 de marzo" naufragó en aguas cubanas mientras intentaba alcanzar las costas de Estados Unidos con 72 personas a bordo, resultando en la muerte de 41 de ellas, incluidos 10 niños. La respuesta oficial del gobierno cubano ante este suceso ha sido objeto de controversia y críticas internacionales.

Inicialmente, las autoridades cubanas guardaron silencio sobre el incidente. Durante más de una semana, los medios de comunicación estatales no informaron sobre el hundimiento, a pesar de las denuncias que circulaban en la comunidad internacional. Esta ausencia de información oficial generó incertidumbre y preocupación tanto dentro como fuera de la isla.

Posteriormente, el gobierno cubano emitió declaraciones minimizando su responsabilidad en el suceso. Fidel Castro, en una comparecencia televisiva, afirmó que los ocupantes del remolcador habían actuado de manera irresponsable al intentar abandonar el país en una embarcación en mal estado. Según Castro, el remolcador presentaba una vía de agua y su hundimiento fue consecuencia de su precario estado, sugiriendo que la tragedia podría haberse producido incluso sin la intervención de las autoridades. Además, Castro elogió la actuación de las fuerzas gubernamentales involucradas en el incidente, calificándola como un "esfuerzo verdaderamente patriótico". Esta afirmación fue interpretada como un respaldo a las acciones emprendidas por las autoridades durante el suceso, a pesar de las numerosas muertes ocurridas.

El gobierno cubano también sostuvo que las embarcaciones estatales intentaron impedir el robo del remolcador y que, durante la operación, lanzaron los salvavidas disponibles a los náufragos. Sin embargo, testimonios de sobrevivientes contradicen esta versión, indicando que las embarcaciones gubernamentales embistieron deliberadamente al "13 de marzo" y utilizaron mangueras de agua a presión contra los pasajeros, sin brindar auxilio inmediato tras el hundimiento. A pesar de las denuncias y solicitudes de investigación por parte de organizaciones internacionales de derechos humanos, como Amnistía Internacional, el gobierno cubano no llevó a cabo acciones legales contra los presuntos responsables del hundimiento. Esta inacción ha sido objeto de críticas, especialmente considerando que el código penal cubano establece sanciones para delitos cometidos por imprudencia.

La falta de una investigación independiente y la ausencia de procesos judiciales han perpetuado la impunidad en torno al incidente. Familiares de las víctimas y activistas han denunciado repetidamente la negativa del gobierno a esclarecer los hechos y a responsabilizar a los culpables, lo que ha mantenido abierta una herida en la memoria colectiva de la nación.

En resumen, la justificación del régimen cubano respecto al hundimiento del remolcador "13 de marzo" se ha centrado en atribuir la tragedia a la imprudencia de los ocupantes y en exonerar a las autoridades de cualquier responsabilidad. Esta postura, sumada a la falta de acciones legales y al silencio inicial de los medios oficiales, ha sido ampliamente cuestionada por la comunidad internacional y por organizaciones defensoras de los derechos humanos, que continúan demandando justicia y reconocimiento para las víctimas de este lamentable suceso.

El dolor de los familiares y la ausencia de justicia

Los familiares de las víctimas han luchado durante años por obtener justicia y reconocimiento. Sin embargo, las autoridades cubanas nunca realizaron un proceso judicial sobre el incidente y terminaron por sellar el caso, a pesar de los reiterados intentos por llevar a los presuntos culpables ante los tribunales.

La Comisión Interamericana de Derechos Humanos (CIDH) abrió en 1995 el expediente N°11.436 por las denuncias recibidas de parte de sobrevivientes de la tragedia y grupos de derechos humanos. Amnistía Internacional también se pronunció al respecto, indicando que "existen pruebas suficientes para indicar que se trató de una operación oficial y que, si los hechos ocurrieron en la forma descrita por varios de los sobrevivientes, quienes fallecieron a consecuencia del incidente fueron víctimas de ejecución extrajudicial".

A pesar de estos pronunciamientos internacionales, hasta la fecha no se ha llevado a cabo una investigación independiente ni se ha responsabilizado a los autores materiales e intelectuales de la tragedia. El dolor de los familiares persiste, agravado por la impunidad y la falta de reconocimiento oficial de los hechos.

Reflexión final

El hundimiento del remolcador "13 de marzo" es una herida abierta en la memoria colectiva de Cuba.

Representa no solo la desesperación de un pueblo que buscaba libertad, sino también la crueldad de un régimen dispuesto a todo para mantener su control. La ausencia de justicia y la negación oficial de los hechos perpetúan el sufrimiento de los sobrevivientes y de los familiares de las víctimas.

Este trágico episodio es un recordatorio de la importancia de la defensa de los derechos humanos y de la necesidad de justicia para las víctimas de abusos estatales. Mientras no se reconozcan estos hechos y se haga justicia, el dolor y la impunidad seguirán siendo una sombra sobre la historia de Cuba.

A pesar del paso del tiempo y los cambios en las dinámicas migratorias globales, la realidad para muchos cubanos sigue siendo la misma: un anhelo profundo de libertad que los impulsa a emprender peligrosas travesías en busca de un futuro mejor. En pleno siglo XXI, hombres, mujeres, ancianos y hasta recién nacidos se lanzan al mar o atraviesan selvas inhóspitas, enfrentando innumerables peligros con la esperanza de alcanzar tierras de libertad.

Capítulo 9
¡Camilo no se perdió en el mar! El último adiós a Cuba

Camilo Pérez, con solo 19 años, nunca imaginó que llegaría el día en que tendría que abandonar Cuba. Dejar atrás a su madre y a sus hermanos, separarse de todo lo que conocía, lo destrozaba por dentro. La idea de marcharse lo aterrorizaba más que cualquier otra cosa en su vida. ¿Cómo podría partir, sabiendo que nunca más los vería de la misma manera?

La decisión no fue fácil. Había pasado noches enteras con la mirada clavada en el techo, pensando en lo que significaba irse. Cuba era su hogar, pero también era su cárcel. El régimen le había robado el futuro, como le robó a tantos otros, como le robó a su padre, quien murió sin ver la libertad. Su madre, con lágrimas contenidas, lo abrazó la última vez antes de su partida.

—Hijo mío… si te vas, prométeme que nunca olvidarás quién eres.

—Nunca, mamá.

Su madre lo soltó con las manos temblorosas. No podía verlo partir, pero tampoco podía pedirle que se quedara. Ambos sabían que, si Camilo se quedaba, su destino sería tan gris como el de los millones atrapados en la isla.

El 22 de enero de 2003, con el corazón desgarrado y la esperanza como única guía, Camilo se preparó para zarpar. Con la ayuda de su mejor amigo, Rogelio, bajó del techo de su casa el bote que había construido con sus propias manos. No era más que un cascarón de espuma de polietileno, remendado con lo poco que había podido conseguir en el mercado negro, pero para él era más que un bote: era su libertad flotando sobre las olas.

Llamó a su embarcación El Pichón, el apodo de su difunto padre.

—Papá, llévame contigo —susurró, tocando la madera improvisada antes de partir.

Rogelio lo miró con respeto. Él había intentado escapar dos veces antes, pero el destino había sido cruel. La primera vez, naufragó y pasó 40 horas en el mar, aferrado a un tanque de gasolina vacío. La segunda vez, la guardia costera cubana lo interceptó y lo devolvió, como si su vida no valiera nada. Pero esta , la tercera sería la vencida.

El mar entre la vida y la muerte

Los primeros momentos de navegación fueron tranquilos. La luna se reflejaba en el agua, y el viento empujaba El Pichón con suavidad. Pero el mar es traicionero. Pronto, las olas crecieron, el viento rugió, y la oscuridad los envolvió como una bestia hambrienta.

Las primeras 30 horas fueron un calvario.

El cansancio y la falta de sueño comenzaron a jugar con la mente de Camilo. Empezó a ver cosas que no estaban allí. A lo lejos, creyó divisar la patrulla costera cubana, aquella que tantas veces había cazado a los balseros como si fueran animales.

—Nos siguen, Rogelio… nos siguen —susurró con pánico.

Rogelio lo sacudió con fuerza.

—¡No, hermano! Es el miedo hablándote, ¡mira al frente!

Pero la paranoia no lo soltaba. Su mente le jugaba trampas crueles, mostrándole los fantasmas de su pasado. Veía los tanques de basura de Guanabo flotando a su alrededor, como si el mar lo quisiera devolver a la miseria de la que había intentado escapar.

—¡No hemos salido de Cuba! ¡No estamos avanzando! —gritó desesperado. Rogelio, con el miedo en el estómago, se obligó a mantenerse firme.

—¡Sí estamos avanzando! ¡Resiste!

Las horas transcurrieron como siglos. La deshidratación y el hambre mordían sus cuerpos, pero el miedo era su verdadero verdugo. ¿Y si se perdían? ¿Y si la corriente los llevaba de vuelta? ¿Y si los tiburones que tantas veces le robaron la pesca ahora le arrebataban la vida?

Los dos amigos apenas podían mantenerse despiertos. Cada ola que golpeaba el bote era como una advertencia: este océano puede ser tu tumba.

El milagro: La luz de la libertad

El amanecer trajo consigo un regalo inesperado: una luz en el horizonte.

—¿Lo ves? —preguntó Camilo con la voz quebrada. Rogelio entrecerró los ojos. Allí, a lo lejos, se alzaba un faro.

—No puede ser... —murmuró.

Sacaron la carta de navegación empapada por la humedad. Miraron el GPS con la batería al borde de agotarse. Los datos no mentían.

—¡Es el faro de Sand Key! —gritó Camilo, sintiendo su corazón explotar en emoción. Rogelio, incrédulo, comenzó a reír y a llorar al mismo tiempo. Lo habían logrado.

Las aguas que alguna vez parecieron una trampa mortal ahora eran su salvación. Estados Unidos estaba justo frente a ellos. La emoción los envolvió, la risa nerviosa se convirtió en gritos de alegría.

—¡Somos libres, hermano! ¡Libres!

No importaba cuánto habían sufrido, ni cuántas veces el destino les había cerrado las puertas. Estaban allí. Habían vencido al mar, a la muerte, al miedo.

En la distancia, las luces de Key West brillaban como promesas de una vida nueva.

Camilo miró hacia el cielo y supo que su padre, su Pichón, estaba con él.

La libertad estaba justo frente a ellos. Y esta vez, nadie se la arrebataría.

Capítulo 10
El Eco de la Lanchita de Regla

El sol nacía sobre la Bahía de La Habana aquella madrugada del 2 de abril de 2003. La brisa marina se deslizaba entre los muelles y se mezclaba con el olor a salitre y Diesel de las embarcaciones que cada día transportaban a cientos de habaneros entre la ciudad y el poblado de Regla. Pero aquel día no sería como cualquier otro. La lanchita "Baraguá", más conocida entre los habaneros como la Lanchita de Regla, se convirtió en el escenario de un intento desesperado de huida que acabaría en una tragedia marcada por la historia. Desde hacía años, Cuba se encontraba sumida en un clima de represión y desesperanza.

A pesar de los discursos oficiales que hablaban de resistencia y soberanía, muchos jóvenes no veían futuro en la isla. La crisis económica había dejado a la población en la miseria, y para muchos, la única salida era el mar. Esa misma desesperación llevó a Lorenzo Enrique Copelo, Bárbaro Leodán Sevilla García y Jorge Luis Martínez Isaac a planear un escape que terminó con su condena a muerte.

El Plan Desesperado

Lorenzo, Bárbaro y Jorge Luis, junto con otros jóvenes, idearon un plan audaz: secuestrar la Lanchita de Regla y forzar su rumbo hacia los Estados Unidos. Sabían que la travesía era peligrosa, pero estaban convencidos de que, si lograban llegar a aguas internacionales, la Guardia Costera estadounidense los recibiría y podrían solicitar asilo político.

La noche del 2 de abril, los hombres abordaron la lancha como pasajeros comunes. Esperaron el momento oportuno, cuando la embarcación estuviera en el medio de la bahía, para tomar el control. Armados con cuchillos y simulando tener explosivos, sometieron a la tripulación y a los pasajeros, exigiendo que la lancha cambiara de rumbo. Pero su plan pronto encontró obstáculos. La Lanchita de Regla era una embarcación pequeña, sin capacidad para hacer un viaje marítimo largo. Además, el gobierno cubano respondió rápidamente: en menos de una hora, patrullas militares rodearon la embarcación y cortaron cualquier intento de escape. A medida que las fuerzas de seguridad negociaban con los secuestradores, la tensión dentro de la lancha aumentaba.

Los secuestradores intentaron negociar la entrega pacífica a cambio de poder salir de Cuba. Sin embargo, el gobierno de Fidel Castro tenía otros planes. La crisis de los balseros de los años noventa había dejado al régimen en una posición delicada ante la comunidad internacional, y no estaban dispuestos a permitir otra oleada de emigrantes. La orden fue clara: el secuestro debía ser sofocado de inmediato y los responsables castigados con todo el peso de la ley.

Un juicio rápido y una sentencia letal

La captura de los jóvenes fue inmediata. En menos de una semana, el gobierno organizó un juicio sumario. En un proceso relámpago, sin derecho a una defensa adecuada ni a apelaciones significativas, Lorenzo, Bárbaro y Jorge Luis fueron declarados culpables de terrorismo y traición. Los acusados fueron llevados a juicio el 8 de abril, en un tribunal cerrado al público, donde no se permitió la presencia de observadores internacionales.

La fiscalía, en su argumentación, los presentó como traidores a la patria y los acusó de haber puesto en peligro la vida de ciudadanos inocentes. La defensa, limitada en sus intervenciones, apenas pudo argumentar que el acto había sido producto de la desesperación y la falta de oportunidades en la isla. Las familias de los acusados intentaron en vano apelar la sentencia, pero el tribunal desestimó cualquier recurso. En cuestión de días, la decisión fue ratificada y en la madrugada del 11 de abril de 2003, fueron conducidos al paredón de fusilamiento.

El sonido seco de los disparos en el amanecer marcó el destino de tres jóvenes que solo querían un futuro fuera de las cadenas del régimen. La rapidez de la ejecución conmocionó incluso a sectores cercanos al régimen. Organizaciones internacionales de derechos humanos denunciaron la falta de garantías en el juicio y la desproporción de la sentencia. Personalidades como el escritor José Saramago, hasta entonces un aliado del gobierno cubano, rompieron relaciones con el régimen en protesta por la ejecución de los jóvenes. Sin embargo, dentro de la isla, la noticia fue manejada con dureza y control total por parte de la prensa estatal, que los presentó como criminales y enemigos de la Revolución.

Las Secuelas del Fusilamiento

Con el tiempo, el recuerdo de Lorenzo, Bárbaro y Jorge Luis se convirtió en un símbolo de la represión y la desesperanza de aquellos que, sintiéndose atrapados en su propio país, optaron por arriesgarlo todo en busca de la libertad. La Lanchita de Regla siguió transportando pasajeros por la bahía, pero para muchos habaneros se convirtió en un recordatorio de una tragedia.

Los familiares de los ejecutados nunca dejaron de reclamar justicia. Sus nombres quedaron en la memoria de los exiliados cubanos, que los consideran mártires de una lucha más grande contra el autoritarismo.

A más de tres lustros de los hechos, la historia de estos jóvenes sigue viva. Porque la desesperación de aquellos tiempos no ha desaparecido, y mientras Cuba siga siendo una prisión para quienes sueñan con un futuro diferente, el eco de la Lanchita de Regla continuará resonando en las aguas de la Bahía de La Habana.

Mas he preguntado a algunos familiares cercanos y amigos de confianza sobre lo que saben de lo sucedido con la Lanchita de Regla y solo tienen una vaga noción de los hechos, pero ni tan siquiera conocen el hecho de que fueron fusilados, eso sin mencionar que en la isla solo unos pocos conocen que fueron juzgados a puertas cerradas y sin ninguna participación internacional que pudiese velar por sus derechos.

El pueblo vive tantos problemas sociales, de alimentación y sobrevivencia que son muy fundamentales que no tienen la capacidad de recordar o pensar en estos detalles y el gobierno toma ventajas de esto.

Capítulo 11
Los Camionautas
El Chevrolet 1951

Luis Grass siempre había sido un hombre de ideas grandes y sueños aún más grandes. Ingeniero de formación y mecánico por pasión, pasaba sus días en su pequeño taller improvisado en el patio de su casa, rodeado de herramientas desgastadas, piezas de automóviles rescatadas de la chatarra y la mirada siempre esquiva a los vigilantes de los Comités de Defensa de la Revolución (CDR).

Pero lo que nadie sabía –o quizás todos sospechaban– era que, entre tornillos y soldaduras, Grass tramaba un plan que desafiaría cualquier lógica y pondría a prueba los límites de la creatividad cubana.

El Chevrolet de 1951, una reliquia sobre ruedas que había sobrevivido al tiempo y a la escasez de repuestos, era su boleto a la libertad. Con un ingenio que solo quienes han vivido en la escasez pueden desarrollar, Grass y su pequeño equipo de amigos transformaron el viejo auto en una embarcación anfibia. Adaptaron barriles sellados como flotadores, unieron una hélice al eje de transmisión y diseñaron un sistema de dirección que les permitiría navegar por el estrecho de la Florida. Todo esto bajo la atenta curiosidad de vecinos, algunos fascinados y otros recelosos, dispuestos a denunciar cualquier "actividad sospechosa". Las noches eran su refugio.

Mientras la ciudad dormía y las sombras cubrían su patio, Grass y los suyos realizaban las pruebas finales. Sabían que no podían fallar. El mar era implacable, la Guardia Costera cubana acechaba y cualquier desliz podría significar años en la cárcel.

El miedo nunca ha sido suficiente para detener a un soñador, que lucha por el futuro de su familia, acompañados por otros 11 compatriotas y su hijo de 5 años, zarparon con la esperanza de alcanzar las costas de Florida. Sin embargo, a unas ocho millas de Islamorada, Florida fueron interceptados por la Guardia Costera de Estados Unidos. Considerando la embarcación como un peligro para la navegación, las autoridades estadounidenses la destruyeron y hundieron en el mar. Esta acción de USA generó indignación en la comunidad cubanoamericana, que veía en el vehículo un símbolo de ingenio y desesperación por la libertad.

El segundo intento: El Buick 1959

Lejos de desanimarse por el fracaso de su primer intento, Luis Grass y su grupo decidieron que no se rendirían. En febrero de 2004, apenas meses después de haber sido devueltos a Cuba, pusieron en marcha un nuevo plan. Esta vez, su ingenio los llevó a transformar un Buick de 1959 en una embarcación anfibia, adaptándolo con flotadores improvisados y un sistema de propulsión casero. Pero ahora las circunstancias eran aún más difíciles.

Su primer intento los había convertido en figuras conocidas, y el gobierno cubano no los perdería de vista tan fácilmente. La vigilancia sobre ellos se intensificó: los CDR, la Seguridad del Estado y hasta algunos vecinos recelosos sabían que volverían a intentarlo. Si querían tener éxito, debían trabajar en absoluto secreto, refinando su estrategia para evitar ser descubiertos antes de llegar al mar. Para Grass, la persistencia era un rasgo inquebrantable de su carácter, nunca opto por rendirse ante la adversidad.

Esa mentalidad, forjada a lo largo de los años, se convirtió en su mayor fortaleza. Sabía que cada intento fallido solo lo acercaba más a su objetivo, y que la resiliencia era su mejor arma contra las dificultades. Finalmente lograron lanzar el Buick al agua, pero una vez más, la Guardia Costera estadounidense los interceptó antes de que pudieran llegar a Florida. Sin embargo, esta vez la historia tomó un giro inesperado. En lugar de ser devueltos inmediatamente a Cuba un juez federal intervino y ordenó que la familia Grass fuera trasladada a la base naval de Guantánamo.

Exilio en Costa Rica y llegada a USA

Tras meses de incertidumbre y sin un destino claro, en diciembre de 2004, la familia Grass y otros 17 cubanos encontraron refugio en Costa Rica, donde recibieron estatus de refugiados. La calidez y generosidad del pueblo costarricense les brindó un respiro tras años de persecución y fracasos en su intento de escapar de Cuba. Sin embargo, aunque estaban agradecidos, sabían que su viaje aún no había terminado. Para Luis Grass y su familia, la verdadera meta siempre había sido llegar a Estados Unidos, donde podrían reconstruir sus vidas con la libertad que tanto anhelaban.

En febrero de 2005, emprendieron un arduo y peligroso trayecto terrestre a través de Centroamérica y México, un camino plagado de incertidumbre y riesgos. La travesía estuvo marcada por largas caminatas, cruces fronterizos clandestinos y el miedo constante a ser detenidos y deportados. Cada paso era un desafío: desde los controles migratorios hasta los peligros de los grupos criminales que acechaban en las rutas migratorias. Pero la determinación de alcanzar su destino era más fuerte que cualquier obstáculo. Finalmente, en marzo de 2005, después de semanas de tensión y agotamiento, lograron cruzar la frontera hacia Texas.

A diferencia de sus anteriores intentos, esta vez no iban a bordo de un ingenioso vehículo anfibio ni desafiaban el océano; ahora transitaban sobre sus propios pies, con la única certeza de que estaban más cerca que nunca de la libertad. Fueron detenidos brevemente por las autoridades migratorias, pero esta vez la historia tenía un final diferente. Tras ser procesados, fueron liberados y se reunieron con sus familiares en Miami, donde finalmente pudieron empezar una nueva vida.

Así culminó una odisea que había comenzado años atrás con la transformación de un Chevrolet en una embarcación. Pero más allá de los desafíos y las adversidades, la historia de la familia Grass es un recordatorio de que la libertad no es un destino fácil de alcanzar, sino una lucha constante.

Ahora, en suelo estadounidense, eran los verdaderos timoneles de sus vidas y los capitanes de su propio futuro, dispuestos a escribir un nuevo capítulo, esta vez sin las ataduras de un régimen que les negó la posibilidad de soñar.

El Legado de los Camionautas

Luis Grass, conocido por su ingenioso intento de escapar de Cuba en 2003 utilizando un viejo camión Chevrolet del año 1951 y siendo adaptado como embarcación anfibia, estimó que la transformación del vehículo, incluyendo los materiales utilizados para la instalación de flotadores y una hélice de fabricación casera conectada al sistema de transmisión, tuvo un costo aproximado de 2.000 dólares en Cuba en los tiempos que fue realizada semejante proeza. Posteriormente, en Miami, se construyó una réplica de este camión anfibio.

La adaptación del vehículo en Estados Unidos, que incluyó mejoras y adecuaciones para su exhibición, tuvo un costo significativamente mayor, superando los 100.000 dólares

Actualmente, según informes recientes, algunos de estos balseros están planeando una travesía de regreso a Cuba utilizando una réplica del Chevrolet 1951 original. Este gesto busca rendir homenaje a su odisea inicial y resaltar el espíritu indomable de quienes buscan libertad y mejores oportunidades. Aunque los detalles específicos de esta travesía no han sido ampliamente difundidos, la noticia ha resonado en la comunidad cubana y entre aquellos que siguen de cerca las historias de migración y resistencia.

La historia de estos balseros y su camión anfibio ha sido ampliamente documentada y continúa siendo un recordatorio del ingenio y la determinación de quienes buscan un futuro mejor, a pesar de las adversidades al costo de la vida si es necesario.

Rafael Díaz y su Mercury 1948
Un Viaje de Ingenio y Esperanza.

En la misma época en que la familia Grass luchaba por alcanzar la libertad sobre vehículos anfibios improvisados, otro mecánico cubano, Rafael Díaz, emprendía su propia odisea con el mismo objetivo: cruzar el Estrecho de Florida a bordo de un automóvil convertido en embarcación. En 2005, con determinación y creatividad, Díaz adaptó un Mercury de 1948 que se atrevía a transitar en las desastrosas calles de Cuba, para transformarlo en un bote capaz de navegar las traicioneras aguas del Caribe.

A diferencia de otras embarcaciones improvisadas, el

Mercury de Díaz no solo era un testimonio de ingenio mecánico, sino también de resistencia ante las circunstancias adversas.

Con escasos recursos y bajo la atenta vigilancia de las autoridades cubanas, pasó meses perfeccionando su invento, asegurándose de que fuera lo suficientemente resistente para soportar el viaje. Para él, esta no era solo una travesía, sino una promesa de libertad para su familia: su esposa, sus hijos y un grupo de migrantes que confiaron en su pericia para alcanzar un nuevo destino.

En una noche sin luna, el grupo partió en su vehículo flotante, dejando atrás la isla que los había visto nacer, pero que también los había limitado en sus sueños y aspiraciones. Navegaron con la incertidumbre de no saber si llegarían o si serían interceptados antes de alcanzar tierra firme. El océano, implacable y vasto, parecía tanto su aliado como su peor enemigo. Cada ola que golpeaba el auto era un recordatorio de lo frágil que era su embarcación improvisada frente a la naturaleza.

Después de varias horas de tensión en alta mar, el grupo logró acercarse a Cayo Hueso, territorio estadounidense. Sin embargo, antes de poder pisar tierra firme, fueron interceptados por la Guardia Costera de EE. UU. y detenidos temporalmente. La incertidumbre volvió a nublar sus esperanzas: podían ser repatriados a Cuba, como tantos otros migrantes que habían sido capturados en similares circunstancias. Pero el destino tenía preparada otra oportunidad para Rafael Díaz y su familia. A diferencia de otros balseros y camionautas que eran deportados bajo la política de "pies secos, pies mojados", Díaz y su grupo contaban con visas de inmigrante, lo que les permitió finalmente ingresar legalmente a Estados Unidos.

La alegría y el alivio de haber superado tantos obstáculos no podían describirse con palabras. Su lucha había valido la pena.

El Mercury de 1948, que una vez rodó por las calles de Cuba y luego flotó sobre el Caribe en un intento por alcanzar la libertad, se convirtió en un símbolo más de la creatividad y la determinación del pueblo cubano.

La historia de Rafael Díaz es una más entre tantas que reflejan el inquebrantable espíritu de aquellos que, sin importar los desafíos, están dispuestos a desafiar lo imposible en busca de un nuevo comienzo.

Reflexión final

Las historias de Luis Grass, Rafael Díaz y tantos otros que han desafiado al mar en busca de un futuro mejor no son solo anécdotas de audacia e ingenio; son testamentos de la desesperación y la resiliencia de un pueblo atrapado entre el deseo de vivir libremente y las barreras que se interponen en su camino. Cada intento de escape es un acto de resistencia, una lucha contra un destino impuesto. No se trata solo de abandonar una isla, sino de desafiar un sistema que impide a sus ciudadanos decidir su propio futuro.

En cada balsa improvisada, en cada embarcación construida con piezas recicladas, se refleja un grito de libertad y un tributo a la capacidad humana de sobreponerse a la adversidad. Pero estos relatos también exponen la compleja y a menudo dolorosa realidad de la migración. No todos logran cruzar. El mar es un juez implacable, y muchas historias se pierden en las profundidades del Estrecho de la Florida.

Para los que llegan, el sueño de la libertad a menudo se enfrenta a nuevas dificultades: el desarraigo, la incertidumbre y la lucha por reconstruir una vida desde cero en tierras extranjeras. Sin embargo, lo que permanece inquebrantable es el anhelo de libertad. Ese deseo que impulsa a los cubanos –y a tantos otros pueblos oprimidos– a arriesgarlo todo con la esperanza de un mañana mejor.

Las historias de Luis Grass y Rafael Díaz no son solo parte del pasado, son un reflejo constante de la realidad de miles que aún sueñan, construyen y desafían lo imposible en busca de la promesa de una vida donde la libertad no sea una utopía, sino un derecho inalienable.

Capítulo 12
Sandra de los Santos: La Mujer en la Caja
24 de agosto de 2004

El calor dentro de la caja era insoportable. Sandra de los Santos se acurrucó en un rincón de la pequeña caja de madera, tratando de permanecer lo más quieta posible, mientras su respiración acelerada se mezclaba con el crujido de la madera. La oscuridad era total.

Los ojos se le cerraban una y otra vez por el cansancio, pero el miedo y la ansiedad le mantenían despierta. Sabía que no podía quedarse dormida, ni moverse. Cualquier ruido, cualquier movimiento, podría delatarla.

Había tenido que tomar esta decisión por desesperación, por necesidad. Estaba atrapada en un país donde la libertad no existía, donde el futuro se desvanecía como una promesa rota cada vez que miraba a su alrededor. Cuba era su hogar, pero en Cuba no había vida. La joven mujer que había dejado atrás su familia, su tierra, y su identidad por un sueño de libertad, sabía que el precio de la supervivencia era alto.

Sandra había estado huyendo durante semanas. Desde que decidió escapar, su vida había sido un tumulto de tensiones, emociones al límite, y decisiones que la llevarían a arriesgarlo todo. Su deseo de llegar a un lugar donde pudiera respirar libremente era más grande que su miedo a lo desconocido.

La Decisión de Huir

Cuba había sido su hogar durante años, pero también había sido una prisión invisible. Sandra vivía en una ciudad costera, donde la brisa del mar llegaba como un susurro, prometiendo libertad. Pero más allá de la sal en el aire y la belleza del paisaje, estaba atrapada en un sistema donde las libertades individuales eran simplemente sueños inalcanzables. Sandra, como muchos otros, había experimentado las constantes restricciones que el gobierno cubano imponía. Había visto amigos y familiares sufrir por pensar diferente, por ser diferentes.

A pesar de su deseo de estudiar y crecer, los límites impuestos en Cuba le ofrecían poco espacio para la esperanza. La educación que le habían brindado era limitada, y las oportunidades de trabajo escasas. La comida y los recursos escaseaban, pero lo que más le afectaba era la sensación de estar atrapada, sin futuro, sin perspectivas. No podía imaginar su vida de esa manera por más tiempo.

Entonces, comenzó a escuchar rumores sobre aquellos que escapaban a través de Bahamas. Un lugar en el que se podía pasar sin ser detectado, y de ahí, alcanzar finalmente un destino donde la vida podía ser diferente. La idea de llegar a los Estados Unidos se convirtió en una obsesión, en un sueño imposible que todo cubano deseaba, pero pocos se atrevían a perseguir.

Con la ayuda de un contacto, Sandra comenzó a planear su fuga. El riesgo era inmenso. Todo podría salir mal en cualquier momento. Pero ya no tenía otra opción. Escaparse en una caja parecía la única forma viable. Había escuchado historias de otros que habían hecho el mismo viaje, pero nunca imaginó que se convertiría en parte de esa historia. Sin embargo, su determinación de escapar de Cuba, de ganar su libertad, era más fuerte que cualquier temor. Sabía que solo podría tener una oportunidad si tomaba el riesgo.

La Caja
Un Viaje de Esperanza y Miedo

La caja en la que se encontraba era pequeña y opresiva. Estaba hecha de madera vieja y no tenía más que unas pequeñas rendijas por donde podía entrar el aire. Cada vez que la caja se movía, Sandra sentía una sacudida violenta, como si su vida dependiera de cada uno de esos giros y caídas. Las horas pasaban de forma interminable. Estaba apretada, casi sin espacio para moverse, y el calor la hacía sudar profusamente.

Durante lo que le pareció una eternidad, Sandra intentó mantener la calma. Pensaba en su familia, en lo que dejaría atrás y en lo que podría encontrar adelante. Pero el temor la asfixiaba. Los golpes de la caja contra el suelo y los ruidos de los pasos ajenos aumentaban su ansiedad. ¿Qué pasaría si la descubrieran? ¿Qué pasaría si no lograba sobrevivir al viaje? Las preguntas la atormentaban.

Pero llegar a ese momento había requerido una planificación milimétrica. Sandra y su amigo se habían movido con cautela en el muelle de Nassau, conscientes de que cada paso debía ser medido con precisión. La caja que tenían frente a ellos era lo suficientemente grande como para albergar un motor de barco, y eso era exactamente lo que la documentación indicaba que contenía. Sin embargo, la verdad era otra: dentro de la caja no había ningún motor, sino Sandra misma, con su corazón latiendo acelerado y su destino colgando de un hilo.

El plan había sido meticulosamente elaborado. En teoría, la caja viajaría como una simple carga a bordo de un vuelo de DHL con destino a Miami. No era la primera vez que alguien intentaba algo similar, pero eso no significaba que estuviera libre de riesgos. Cualquier error en la documentación, cualquier movimiento sospechoso, y todo se iría al traste.

El amigo de Sandra se encargó de gestionar el envío en la oficina de carga. Mantuvo la calma, entregó los documentos necesarios y pagó el importe del envío sin levantar sospechas. Mientras tanto, dentro de la caja, Sandra se acomodó lo mejor que pudo, con una botella de agua, un tubo de oxígeno improvisado y la esperanza de que todo saliera bien.

La caja fue transportada hasta el almacén, y luego colocada en la bodega del avión. A cada movimiento, Sandra contenía la respiración, sintiendo el retumbar de las carretillas y el zumbido de los motores preparándose para despegar.

Las horas se estiraban como días, pero finalmente, tras un largo período de inactividad, Sandra sintió que la caja se movía con más suavidad. Algo había cambiado. De repente, la tapa de la caja se abrió, y un resplandor cegador invadió su campo de visión.

La Llegada a Miami: El Encuentro con la Libertad

El aire fresco de Miami la recibió con una caricia inesperada. Sandra parpadeó, incapaz de comprender por un momento si realmente estaba viva o si aún formaba parte de una pesadilla. Un par de manos la levantaron con cuidado y a pesar de su agotamiento, ella sonrió. Estaba allí, en un lugar que representaba la libertad, una libertad que había soñado durante tantos años.

El trabajador de la empresa de carga, un hombre robusto y de piel curtida por el sol, había sido el primero en abrir la caja. Al ver el rostro de una mujer dentro de la caja, en lugar del motor que esperaba encontrar, dio un salto hacia atrás, soltando un grito ahogado.

—¡Dios santo! —exclamó, mirando alrededor con incredulidad.

Uno de sus compañeros, un joven de tez morena con el uniforme de la compañía de envíos se acercó con la misma expresión de asombro.

—¿Qué demonios…? —balbuceó.

Sandra apenas pudo mover los labios. Su cuerpo estaba entumecido y sus extremidades adormecidas por la falta de movimiento durante el viaje. Intentó articular palabras, pero solo logró un débil susurro.

Los empleados intercambiaron miradas, sin saber si llamar a la policía o a una ambulancia. Fue entonces cuando uno de ellos reaccionó y se agachó para ayudarla a salir de la caja.

—Tranquila, tranquila… estás a salvo —dijo con voz calmada, aunque su rostro aún reflejaba incredulidad.

El supervisor de la terminal, un hombre de mediana edad con bigote canoso llegó corriendo al escuchar la conmoción.

—¿Qué está pasando aquí? —preguntó con autoridad, pero su voz se apagó cuando sus ojos se posaron en la mujer agotada que apenas lograba sostenerse en pie.

Sandra sintió que la levantaban con cuidado y la ayudaban a sentarse en una silla cercana. Su cuerpo temblaba por el esfuerzo, pero su mente apenas podía asimilar la situación. Había llegado. Había sobrevivido.

A los pocos minutos, los agentes de la policía fronteriza llegaron al lugar. Sus uniformes azules y sus placas relucientes la hicieron sentir un escalofrío de incertidumbre. Sin embargo, el primer oficial que se acercó, un hombre alto y de mirada inquisitiva, no parecía agresivo ni hostil.

—Señorita, ¿está bien? —preguntó con tono profesional, pero no indiferente. Sandra asintió con dificultad.

Los agentes intercambiaron palabras con los empleados de la terminal, tomaron notas y pidieron refuerzos. Mientras tanto, uno de los trabajadores de carga, aún impresionado por lo que había visto, no dejaba de murmurar para sí mismo.

—Nunca en mi vida… una persona en una caja…

A pesar del agotamiento extremo, Sandra sintió una paz desconocida. Sabía que su travesía aún no había terminado. Sabía que le esperaba un proceso legal incierto. Pero estaba en suelo estadounidense, respirando aire libre, con la certeza de que su destino estaba ahora en sus propias manos.

Ese día, en una terminal de carga de Miami, no solo una caja había sido abierta. Se había abierto la puerta a una nueva vida.

El Proceso Legal
Un Año y un día de Espera y Temor

La llegada a Estados Unidos no significaba que la libertad estuviera asegurada. Sandra lo comprendió en cuanto la subieron a la patrulla fronteriza y la transportaron a un centro de procesamiento. Su cuerpo estaba agotado, sus músculos aún adormecidos por el encierro en la caja, pero su mente estaba en alerta máxima. Sabía que estaba en suelo americano, pero también sabía que eso no garantizaba su permanencia.

La incertidumbre la carcomía. Durante las primeras horas, se encontró en un limbo aterrador. Le tomaron huellas, le hicieron preguntas rápidas y le dieron una manta delgada mientras esperaba en una sala fría con otras personas detenidas. No podía evitar imaginar el peor escenario: ¿y si la regresaban a Cuba? ¿Y si decidían que su entrada había sido ilegal y la deportaban a Bahamas, donde la enviarían de vuelta a la isla de la que tanto le había costado escapar?

El miedo la consumía. Había escuchado historias de aquellos que habían llegado tan cerca del sueño americano solo para ser enviados de vuelta a la pesadilla. Conocía los casos de quienes eran interceptados en el mar y nunca pisaban tierra firme, de los que, tras meses de espera en centros de detención, eran devueltos sin más explicaciones. Pensar en eso le revolvía el estómago. La imagen de regresar a La Habana, de volver a sentir el peso del régimen sobre sus hombros, la aterrorizaba más que cualquier encierro en una caja de madera.

Los días siguientes fueron un torbellino de emociones. Le permitieron presentar su solicitud de asilo, pero la posibilidad de que fuera rechazada la mantenía en vilo. Cada vez que escuchaba pasos acercándose, su corazón latía desbocado. Cada conversación con otros detenidos aumentaba su angustia. Algunos le decían que había esperanza, que los cubanos en su situación solían recibir protección. Otros le contaban de casos en los que, por errores burocráticos, personas como ella eran devueltas sin derecho a apelar.

El miedo a la deportación la acompañaba cada día, incluso cuando finalmente la dejaron salir bajo palabra mientras se procesaba su caso. Sabía que en cualquier momento podría recibir una carta que dictaminara su regreso a lo que para ella era un infierno. Algunas noches despertaba sobresaltada, sintiendo que volvía a estar atrapada, pero esta vez en un avión rumbo a Cuba, con las manos esposadas y sin poder defenderse.

Durante ese año de espera, Sandra aprendió a vivir con el miedo, pero también con la esperanza. Comenzó a adaptarse a la vida en Miami, a trabajar en pequeñas tiendas y a aprender inglés. Sus pensamientos, al principio llenos de desesperación, se transformaron en la determinación de construir una nueva vida en un lugar que le ofrecía una segunda oportunidad.

Al mismo tiempo, la historia de su huida y su valentía comenzó a ser conocida por más personas. Los que la escuchaban quedaban impactados por su relato, y su caso generó simpatía entre aquellos que habían experimentado lo mismo que ella o que simplemente creían en el derecho a la libertad. La comunidad cubana en Miami la acogió como una de los suyos, recordándole que no estaba sola.

Fue gracias a ese apoyo que un abogado de inmigración, un hombre que había trabajado en casos similares durante años, se ofreció a representarla sin costo alguno. Cuando Sandra escuchó esas palabras, sintió que una luz se abría en medio de la oscuridad. Quizás aún no tenía garantizada la libertad absoluta, pero por primera vez en mucho tiempo, sintió que el destino no estaba completamente en su contra. Ahora solo quedaba esperar. Y rezar para que Estados Unidos le permitiera quedarse

La Victoria
El Asilo Político

El día de la audiencia fue un día que Sandra nunca olvidará. Se despertó antes del amanecer, incapaz de dormir, con el estómago revuelto por los nervios. El proceso había sido largo, desgastante, lleno de incertidumbre, pero este era el momento decisivo. Caminó hacia el tribunal con su abogado a su lado, sus manos frías y sudorosas, su corazón latiendo como un tambor en su pecho.

Cuando entró a la sala, el aire se sintió denso, como si cada partícula flotara en la expectativa de lo que estaba por ocurrir. El juez, de rostro sereno pero impenetrable, repasaba los documentos ante él. La audiencia fue breve, pero cada palabra pesaba como un juicio sobre su destino. Mientras su abogado presentaba su caso, Sandra apenas podía respirar. En cada argumento expuesto, revivía su travesía: la noche de la fuga, el encierro en la caja, el temor de ser deportada.

Cuando el juez finalmente habló, cada sílaba pareció

extenderse en el tiempo.

—Este tribunal ha decidido concederle el asilo político.

Por un instante, el silencio lo ocupó todo. Sandra parpadeó, incapaz de procesar las palabras. ¿Había escuchado bien? Su abogado le dio un leve codazo en el brazo y, con una sonrisa de satisfacción, asintió.

Era real. La justicia había hablado.

Sandra sintió un nudo en la garganta y lágrimas calientes resbalar por su rostro. Había esperado este momento por tanto tiempo que ahora, al tenerlo frente a ella, parecía irreal. No tenía palabras, solo gratitud y un alivio tan profundo que la hizo temblar.

Al salir del tribunal, se detuvo un momento en las escalinatas. Miró al cielo despejado de Miami, sintió la brisa cálida en su rostro y respiró profundamente. Había ganado. Después de tanto sufrimiento, de tantos miedos y noches en vela, finalmente era libre.

Y afuera, el exilio cubano la esperaba con los brazos abiertos.

La noticia corrió como pólvora. En cuestión de horas, las estaciones de radio locales hablaban de "la cubana que escapó en una caja". Los programas de televisión comenzaron a cubrir la historia con admiración, convirtiéndola en un símbolo de resistencia y valentía. La gente llamaba a las emisoras para expresar su apoyo, y en cada esquina de la Pequeña Habana, la comunidad celebraba.

—¡Otra alma arrebatada de las garras de la tiranía! —gritaban algunos con emoción.

Los restaurantes y cafeterías de la Calle Ocho comentaban su historia como si fuera una leyenda contemporánea. En un pequeño local de comida cubana, un grupo de ancianos jugaba dominó mientras hablaban de la hazaña de Sandra.

—Esa muchacha tiene más **cojones** que un batallón entero— decía uno de ellos, golpeando la mesa con entusiasmo.

Los periodistas querían entrevistarla, los activistas la buscaban para contar su historia, y la comunidad la abrazaba como a una hija rescatada de un naufragio.

Pero para Sandra, todo esto era secundario. Porque la verdadera victoria no estaba en los titulares, sino en el hecho de que ahora podía caminar sin miedo. Ya no tenía que mirar con el miedo que la acompañaba, ni temer que una carta de deportación la arrancara de su nuevo hogar.

La caja en la que había viajado ya no era más que un recuerdo lejano, pero lo que representaba quedaría grabado en su mente para siempre. Aquella caja fue la última barrera entre su pasado y su futuro. Y ahora, después de tanto sacrificio, Sandra de los Santos podía finalmente decir que era libre.

Había cruzado océanos, desafió la muerte y venció el miedo.

Y en el corazón del exilio cubano, su historia se convirtió en una prueba de que la libertad, por más imposible que parezca, siempre encuentra un camino

Capítulo 13

La Tabla de la Libertad.

La brisa salada del Caribe golpeaba su rostro mientras miraba el horizonte con determinación. A sus 17 años, Lester Moreno no tenía más que su tabla de windsurf, un chaleco improvisado y el deseo inquebrantable de ser libre.

Sabía que lo que estaba a punto de hacer era una locura. Sabía que muchos lo habían intentado en balsas de neumáticos, en cámaras de camión, en embarcaciones hechas con lo que fuera posible, pero nadie hasta entonces había desafiado al océano solo con una tabla de windsurf y su propia fuerza.

Era marzo de 1990, y aunque el mundo ya había cambiado con la caída del Muro de Berlín, en Cuba el tiempo parecía detenido. La crisis se hacía sentir con más fuerza, las oportunidades desaparecían y la única alternativa que muchos jóvenes veían era arriesgarlo todo en busca de un destino incierto. Para Lester, la única opción real era el mar.

Antes del amanecer, con la oscuridad todavía cubriendo la costa norte de Cuba, Lester se deslizó silenciosamente hasta el agua. Apenas unas pocas personas sabían de su plan. Si alguien lo delataba, todo habría terminado antes de empezar. Con cada palada, se alejaba más de la isla y de la vigilancia de los guardacostas cubanos. Su única compañía eran las olas y el sonido del viento empujando la vela que había improvisado con retazos de tela más livianos que los originales, esperando que el peso no lo retrasara demasiado.

Antecedentes y Preparación (1989-1990)

Lester creció en un barrio humilde de La Habana, donde desde muy joven sintió que su destino estaba limitado por las restricciones del gobierno y la falta de oportunidades. Su fascinación por el mar comenzó cuando veía a los turistas disfrutar del windsurf en las playas cubanas. Su deseo de aprender lo llevó a hacerse amigo de algunos extranjeros que le enseñaron las bases del deporte. Con cada día que pasaba, su habilidad mejoraba, pero también aumentaba su deseo de escapar.

El plan de Lester no fue impulsivo. Pasó meses preparándose, practicando en secreto y esperando el momento adecuado. Sabía que el viento y las corrientes jugarían un papel crucial en su travesía.

Finalmente, en una madrugada de marzo de 1990, con el corazón latiendo con fuerza y el miedo atenazándolo, se lanzó al agua con su tabla de windsurf y una pequeña mochila con agua y algo de comida.

El viaje fue una batalla constante. El sol abrasador de la tarde lo debilitaba, el viento caprichoso cambiaba de dirección y las olas parecían querer tragarlo en cada momento. Pasaron horas interminables en las que solo su instinto y su resistencia lo mantenían en pie. Cada ráfaga de viento lo acercaba más a su destino, pero también lo recordaba de la fragilidad de su travesía.

La Travesía y el Rescate (marzo de 1990)

Durante las primeras horas, el viaje fue relativamente tranquilo. El viento estaba de su lado y avanzaba con rapidez. Sin embargo, la noche trajo consigo un desafío inesperado: una tormenta repentina. El oleaje lo hizo perder el equilibrio varias veces, y en un momento pensó que no lo lograría. Pero su determinación y su destreza en el windsurf lo mantuvieron a flote.

A medida que la noche caía y las fuerzas flaqueaban, divisó a lo lejos las luces de lo que parecían ser embarcaciones. Pero su mente le jugaba trucos: el cansancio extremo lo hacía dudar si era una visión real o una ilusión nacida del agotamiento. Con lo último de su energía, se aferró a su vela, dejándose llevar por el viento hasta que, finalmente, una silueta emergió en la distancia: un barco.

El amanecer del día siguiente le dio nuevas esperanzas. Aunque estaba agotado, la costa de Florida estaba cada vez más cerca. A unas 30 millas de la costa, un barco de Bahamas lo divisó y lo rescató. Al llegar a suelo estadounidense, su historia se convirtió en noticia y marcó un precedente para futuros escapistas.

Su hazaña no solo sorprendió al mundo, sino que se convirtió en un símbolo de determinación y valentía. Lester Moreno no solo rompió un récord; rompió el miedo, desafió la adversidad y demostró que la libertad, por lejana que parezca, es alcanzable para quienes tienen el coraje de perseguirla, aunque el camino sea un mar infinito.

Otros Escapes en Tabla de Windsurf (1991-2022)

A lo largo de los años, otros cubanos siguieron su ejemplo, enfrentándose a los peligros del Estrecho de Florida en tablas de windsurf en busca de una vida mejor en Estados Unidos.

1991: Un joven llamado Ramón Pérez intentó cruzar en una tabla de windsurf, pero fue rescatado por la Guardia Costera estadounidense tras perderse en el mar durante más de 30 horas.

1993: Dos amigos, Enrique y Manuel Rodríguez, lograron completar la travesía en 20 horas y fueron recibidos en Cayo Hueso.

1998: Juan Carlos Díaz, un exatleta cubano, llegó a Florida en 18 horas utilizando un equipo más avanzado de windsurf.

2005: Tres cubanos intentaron la travesía en tablas de windsurf, pero solo uno logró llegar; los otros dos fueron interceptados por las autoridades.

2014: Se registró el séptimo escape exitoso en este tipo de embarcación.

2022: El más reciente de estos casos es el Carlos González, un instructor de buceo que, en marzo de 2022 Caso Reciente:

Carlos González (marzo de 2022) En la madrugada del 12 de marzo de 2022, Carlos González se aferró con fuerza a su tabla de windsurf, miró por última vez la costa cubana y se lanzó al mar con la esperanza de alcanzar un futuro que en su tierra natal le era negado.

A sus 38 años, este instructor de buceo no buscaba solo libertad, sino algo más inmediato y esencial: atención médica. Según su familia, en Cuba no podía acceder al tratamiento que necesitaba, y el sistema de salud, antaño considerado uno de los pilares del país, se encontraba colapsado por la escasez de medicamentos, equipamiento y personal.

López, experto en las aguas del Caribe, sabía que su travesía no sería sencilla. Aunque el mar era su territorio, enfrentarlo en solitario con solo una tabla y una vela era una empresa de altísimo riesgo.

Las corrientes del Estrecho de Florida han sido las tumbas de innumerables balseros y migrantes desesperados. El sol abrasador, la fatiga extrema, la posible presencia de tiburones y la incertidumbre de ser rescatado antes de que su cuerpo se rindiera eran amenazas constantes. A medida que avanzaban las horas, el viento lo impulsaba hacia el norte, pero las olas castigaban su frágil embarcación. Con cada milla recorrida, la duda lo asaltaba: ¿llegaría antes de que su cuerpo colapsara? ¿Lo encontrarían las autoridades estadounidenses, o sería arrastrado de regreso a Cuba?

Finalmente, después de interminables horas de lucha contra el océano, a unas 15 millas al sur de los Cayos de Florida, un equipo de rescate marítimo divisó su pequeña vela en el horizonte.

López fue rescatado, exhausto, pero con vida, y trasladado a tierra firme, donde recibió la atención que tanto necesitaba.

Cada una de estas historias es un testimonio del coraje, la desesperación y la determinación de aquellos que, en busca de libertad y mejores oportunidades, desafían el peligroso Estrecho de Florida en tablas de windsurf. Enfrentan tiburones, corrientes traicioneras y las inclemencias del tiempo, todo con la esperanza de tocar suelo estadounidense y empezar una nueva vida.

Capítulo 14
Historias de balseros en el siglo XXI

El fenómeno de los "balseros" cubanos, aquellos que se aventuran al mar en embarcaciones precarias, persiste en la actualidad. A pesar de los avances tecnológicos y las advertencias sobre los riesgos, muchos cubanos consideran esta opción como su única salida.

Las historias son diversas y conmovedoras, reflejando la desesperación y el coraje de quienes buscan un nuevo comienzo. Un ejemplo reciente es el de un grupo de 25 balseros que, tras siete días en el mar, lograron llegar a las costas de Florida. Provenientes de Ciego de Ávila, narraron cómo enfrentaron tempestades y la escasez de alimentos y agua durante su travesía. Al arribar, uno de ellos expresó: "Fue una victoria llegar aquí".

Sin embargo, no todas las historias tienen un final feliz. En octubre de 2024, Mayra Ruiz despertaba cada día con la esperanza de recibir noticias de su hijo, Miquel González, quien desapareció en diciembre de 2022 junto a otras 28 personas mientras intentaban llegar a Florida en una embarcación casera.

A pesar de las búsquedas y consultas con autoridades estadounidenses y bahameñas, no se encontró rastro alguno de ellos.

La angustia de las familias se ve agravada por la falta de respuestas y la creciente incertidumbre. Su historia es solo una de muchas que ilustran el coraje de aquellos que, corren impulsados por la desesperación y la esperanza de encontrarse con la libertad.

Testimonios de represalias

La travesía hacia la libertad no siempre culmina con la llegada al destino deseado. Muchos migrantes son interceptados y deportados, enfrentando al regresar a Cuba una realidad aún más dura.

El 28 de febrero de 2025, un vuelo con 104 deportados provenientes de Estados Unidos arribó a Cuba en medio de tensiones políticas entre ambos países. Este fue el segundo vuelo de deportación desde que Donald Trump retomó la presidencia.

Aunque el gobierno cubano aceptó la llegada bajo acuerdos migratorios bilaterales, la comunidad cubana en Estados Unidos expresó su preocupación por el destino de los deportados, temiendo represalias y persecuciones al regresar a la isla.

Historias como la de Maray Rojas y Yoan Vicente Pichardo ilustran el dolor de la separación y las consecuencias de las políticas migratorias. Ambos cruzaron juntos a Estados Unidos solicitando asilo, pero Yoan fue detenido y deportado a Cuba, mientras Maray quedó en libertad en México. La pareja ahora lucha por reunirse, enfrentando desafíos económicos y burocráticos, y temiendo las posibles represalias que Yoan pueda sufrir en su país natal.

Capítulo 15
Las Sombras del Camino

El aire del Aeropuerto José Martí era espeso, cargado de electricidad estática. Cada respiro se sentía pesado, como si mis pulmones tuvieran que arrastrar el miedo junto con el oxígeno. Mi hija de dieciséis años estaba a mi lado, su mano aferrada a la mía. Para mí, ella seguía siendo mi bebé. Y ahora, estaba a punto de exponerla a un mundo desconocido, un mundo que no perdona la inocencia.

—Mamá, ¿qué pasa si nos dicen que no podemos subir? —su voz era un susurro quebradizo, como el crujido de una hoja seca.

No podía permitir que notara cuánto temblaban mis manos. No podía dejar que viera mi miedo.

—No nos dirán nada —mentí, forzando una sonrisa—. Todo está bien.

Pero no estaba bien.

Cada persona que pasaba a nuestro lado podía ser un delator. Cualquier mirada sostenida demasiado tiempo podía significar el fin.

Los oficiales de migración eran como lobos oliendo el sudor del miedo. Yo sentía sus ojos en nuestra nuca mientras avanzábamos en la fila. Quise proteger a mi hija con mi propio cuerpo, como si pudiera absorber el peligro con solo abrazarla.

—Pasaportes.

El oficial tenía el rostro impasible, pero su mirada afilada diseccionaba cada movimiento. Tomó los documentos, los miró, nos miró. Sus dedos tamborileaban sobre el mostrador.

TAC.

El sello golpeó el papel con un sonido seco.

—Sigan.

Nos alejamos sin mirar atrás. No hablamos hasta que estuvimos dentro del avión. Y cuando las ruedas dejaron de tocar el suelo cubano, sentí que algo dentro de mí se rompía.

Habíamos salido.

Pero la pesadilla apenas comenzaba.

El Camino de las Sombras

Nicaragua fue un alivio momentáneo. Pasamos rápido, pero yo no podía bajar la guardia. Mi hija confiaba en mí para protegerla, pero ¿cómo protegía a una niña de un enemigo que no podía ver?

Las carreteras eran un túnel sin fin de paranoia. En Honduras y Guatemala, los puntos de control eran una ruleta rusa. Cada vez que veíamos uniformes en la carretera, el pánico me atravesaba el estómago como un cuchillo helado.

—No hables, solo mira al frente —le susurré a mi hija cuando el primer policía se acercó.

Ella obedeció, pero su respiración era temblorosa. Un hombre con un rifle nos miró por la ventanilla. Su expresión era ilegible, pero sus ojos eran como un abismo sin fondo.

—¿Hacia dónde van?

—A México, a visitar familia —mentí.

El hombre tardó demasiado en responder. Sentí la bilis subir por mi garganta. Si nos pedía bajarnos... si nos pedía dinero... si pedía a mi hija.

—Sigan.

Lo hicimos. Pero la adrenalina no bajó en horas.

México:
El Abismo del Terror

Cuando cruzamos a México, entendí que el verdadero peligro no había comenzado hasta ese momento.

El lugar estaba lleno de migrantes como nosotras, con la desesperación dibujada en sus rostros. Pero también estaba lleno de depredadores. Hombres que nos escaneaban con miradas cargadas de intenciones que no quería descifrar.

Nos quedamos en una terminal de autobuses mientras buscábamos la mejor forma de avanzar. Mi hija, cansada, se sentó a mi lado y apoyó la cabeza en mi hombro.

—Mamá, tengo miedo...

No podía decirle que yo también.

Unos pasos y se detuvieron frente a nosotras. Alcé la vista y me encontré con tres hombres.

Nos estaban mirando. No de la forma en que miras a un extraño, sino de la forma en que un cazador observa a su presa.

Mi corazón empezó a martillarme en las costillas.

—Buenas noches, señora —dijo uno de ellos, con una sonrisa afilada—. ¿De dónde vienen?

Mi hija se pegó más a mí.

—De Cuba —respondí con voz cortante.

El hombre asintió, como si eso confirmara algo que ya sabía. Su amigo sonrió y le susurró algo al oído.

—Qué bueno... Cuba tiene mujeres muy bonitas.

Se me heló la sangre.

Me puse de pie y tomé a mi hija de la mano.

Nos tenemos que ir.

Pero cuando intentamos alejarnos, el tercer hombre bloqueó nuestro paso.

Mi respiración se cortó.

Dios mío, no.

Mi hija me miró con los ojos muy abiertos, esperando que hiciera algo, que la protegiera. ¿Pero cómo protegía a mi bebé en un país donde nadie nos iba a ayudar?

El primer hombre levantó las manos.

—Tranquila, señora, solo queríamos conversar…

No les creí. No me quedaría para descubrir lo que realmente querían.

Un guardia de seguridad pasó cerca, y eso nos dio la oportunidad. Tiré de mi hija y la empujé hacia él.

—¡Disculpé! —llamé al guardia—, ¿nos puede decir dónde está el baño?

El hombre nos miró, notó nuestras expresiones y entendió.

—Allí, a la derecha.

Nos metimos en el baño y no salimos hasta que estuvimos seguras de que los hombres se habían ido.

Esa noche dormimos en el suelo de la estación de autobuses. No podíamos confiar en nadie. No podíamos dormir en un hotel. Solo podíamos rezar para llegar a la frontera sin ser vistas.

Y así fue como sobrevivimos un día más en el camino hacia la libertad.

El Cruce de la Oscuridad

Mexicali nos recibió con un sol de fuego que caía sin piedad sobre las calles polvorientas. Eran las tres o cuatro de la tarde, quizá más, pero mi mente había empezado a borrar los detalles como un mecanismo de defensa contra el miedo.

Nos llevaron a lo que llamaban "una casa segura". No tenía nada de segura. Era una construcción desvencijada con ventanas rotas y muebles viejos apilados en las esquinas. Afuera, el sonido de disparos y sirenas era constante, como si la ciudad entera estuviera en guerra. Nos ordenaron quedarnos callados, no encender luces y esperar.

Mi hija se aferraba a mi brazo, temblando.

—Mami, ¿y si nos encuentran? —susurró.

—No va a pasar nada —mentí con la voz más firme que pude.

Las horas se alargaban como si fueran días. Nadie hablaba. Solo escuchábamos los sonidos de la calle: pasos apresurados, voces a lo lejos, un estruendo seco que bien podía ser un disparo.

A la una de la mañana, la puerta se abrió de golpe.

—¡Vámonos!

Éramos doce. Nos hicieron subir a dos carros. No había espacio para sentarse cómodamente. Nos apretujamos unos contra otros, con las rodillas clavadas en las costillas del de al lado. El motor del carro en el que nos tocó viajar tenía un sonido que yo nunca había escuchado antes, quizás por sus pésimas condiciones daba miedo, pero es lo mejor que teníamos o lo que tenían, el chofer muy confiado acelero y nos alejamos de la casa a toda velocidad.

—No miren atrás —advirtió un hombre con el rostro cubierto por un pañuelo negro.

Después de un rato, el carro se detuvo. Afuera, el aire era helado. Frente a nosotros había un puente de concreto que descendía a un sendero de arena.

—Aquí es. Bajen y caminen. No se detengan.

Solo podíamos llevar agua y las mochilas con lo mínimo.

—La comida atrae animales, así que, si trajeron algo, déjenlo aquí —dijo otro hombre.

Nos miramos en silencio. Todos estábamos hambrientos, pero no había opción.

La luna no salió esa noche. La oscuridad era absoluta. El frío calaba los huesos, pero la adrenalina nos mantenía en movimiento. Avanzábamos con pasos torpes, tropezando con piedras y espinas invisibles.

Después de cinco horas, divisamos el muro.

—Dos millas más —susurró alguien.

De pronto, una voz estalló en la noche.

—¡Corran, la migra mexicana!

No pensé. No sentí. Solo corrí.

El suelo se desmoronaba bajo nuestros pies. Algunos tropezaban y se levantaban al instante. El sonido de motores y voces nos perseguía. Cuando llegamos al muro, un hombre nos guía hacia una montaña baja.

—Por aquí. Hay una abertura.

La subida fue desesperada. Arrastrándonos sobre la roca, con las manos sangrando y los pulmones ardiendo, alcanzamos el hueco entre la montaña y el muro. Uno a uno, cruzamos.

Al otro lado, apenas habíamos tocado tierra cuando las luces nos cegaron.

—¡Manos arriba!

Era la Patrulla Fronteriza estadounidense.

—Son las cinco de la mañana —dijo un oficial mirando su reloj.

Nos metieron en unos camiones sin ventanas y nos llevaron a El Centro, en California.

El encierro duró 36 horas. No sabíamos si nos

deportarían, si nos separarían, si aquello era el final. Pero el 30 de noviembre, a las cinco de la tarde, nos soltaron.

Nos llevaron a un refugio. Allí, con las manos temblorosas, marqué el número de mi familia.

Cuando escuché la voz al otro lado, las lágrimas cayeron sin que pudiera detenerlas.

—Lo logramos —susurré.

El vuelo a la libertad

A las nueve de la noche, con los documentos en regla y un cansancio imposible de ignorar, partimos rumbo al aeropuerto. Era el último tramo de un viaje que había parecido eterno.

—¿A dónde vamos, mami? —preguntó mi hija en un hilo de voz.

—A Fort... no sé exactamente, mi amor. Pero vamos a estar bien.

No podía recordar el nombre exacto del destino. Lo único que importaba era que estábamos un paso más cerca de la libertad.

El avión despegó en medio de la noche. Aún en el aire, la ansiedad no me dejó dormir. Me aferré a la mano de mi hija mientras mirábamos la oscuridad a través de la ventanilla. No hablamos. No era necesario.

A las cinco de la mañana del 1 de diciembre aterrizamos. Estábamos finalmente seguras, pero el miedo no se desvaneció de inmediato.

Cuando llegamos a la casa de mis familiares, no pude ni comer ni dormir. Mis manos aún temblaban, mi mente seguía en Mexicali, en el desierto, en las luces cegadoras de la patrulla fronteriza.

Pasaron días antes de atreverme a salir a la calle.

La primera vez que lo hice, fue con mis tíos. Caminábamos tranquilamente cuando una patrulla de policía pasó a nuestro lado.

El instinto fue inmediato. Mi cuerpo reaccionó antes que mi mente.

Me agaché y traté de esconderme.

—¿Qué haces? —preguntó mi tío sorprendido.

Mi corazón latía con fuerza. Me tomó unos segundos darme cuenta de que ya no tenía que huir, que nadie me estaba buscando, que ya no era una sombra en la noche tratando de cruzar un muro.

Respiré hondo, me incorporé lentamente y miré a mi tío.

—Nada… solo me pareció que…

No terminé la frase. Él no insistió.

Seguí caminando, pero en mi interior, supe que la verdadera libertad tardaría en llegar

Capítulo 16
Otros que quizás tu conoces
Arturo Cuenca Sigarreta
Un Artista en Busca de la Libertad Creativa

Arturo Cuenca Sigarreta (1955-2021) fue un destacado artista cubano, reconocido por su constante búsqueda de nuevas formas expresivas y su crítica al aislamiento de las artes plásticas en Cuba. Nacido el 20 de septiembre de 1955 en Holguín, Cuba, Cuenca desarrolló su obra en diversas manifestaciones como la pintura, el grabado, el diseño gráfico y la fotografía. Su formación artística incluyó estudios en la Academia Nacional de Bellas Artes San Alejandro y en la Escuela Nacional de Instructores de Arte en La Habana.

Durante su carrera en Cuba, Cuenca mantuvo una postura crítica hacia el régimen de los Castro, lo que lo llevó a enfrentamientos con la dictadura con figuras políticas y represores de la época. Esta situación lo obligó a escapar a Estados Unidos en 1991, donde continuó su labor artística. Su obra se caracteriza por una constante evolución y experimentación con diversas técnicas, reflejando su inquietud por el estado de aislamiento en que se encontraban los artistas cubanos de su época.

Cuenca participó en numerosas exposiciones personales y colectivas, tanto en Cuba como en el extranjero, y su obra forma parte de colecciones de instituciones como el Museo Nacional de Bellas Artes de La Habana y el Center de estudios cubanos en Nueva York. El 8 de agosto de 2021, Cuenca falleció en su apartamento en Miami, dejando un legado significativo en el arte contemporáneo cubano.

Arturo Sandoval: El Trompetista que Desafió al Régimen

Arturo Sandoval, nacido el 6 de noviembre de 1949 en Artemisa, Cuba, es un trompetista y pianista de jazz reconocido internacionalmente.

Comenzó a estudiar música a los 13 años y, tras probar varios instrumentos, se decidió por la trompeta. Fue discípulo musical de Filiberto Ojeda Ríos y cofundador del grupo popular Irakere en 1973, con el que muchos bailaban y disfrutaban, junto con Paquito D'Rivera y Chucho Valdés. Este grupo fusionó jazz, rock y música tradicional cubana, obteniendo reconocimiento nacional e internacional.

En 1990, durante una gira por Europa con su esposa e hijo, Sandoval solicitó asilo en la embajada de Estados Unidos en Roma, con la ayuda de su mentor Dizzy Gillespie. Se estableció en Estados Unidos, donde obtuvo la ciudadanía en 1998. Desde entonces, ha ganado múltiples premios Grammy, Billboard y un Emmy, además de componer bandas sonoras para Hollywood. En 2013, recibió la Medalla Presidencial de la

Libertad y, en 2024, fue reconocido en el Kennedy Center Honors.

Paquito D'Rivera: El Saxofonista que Cambió el Ritmo de la música

Paquito D'Rivera, nacido en La Habana, Cuba, es un saxofonista y clarinetista reconocido por su versatilidad en el jazz y la música clásica. Hijo del saxofonista Tito D'Rivera, comenzó a estudiar música a los cinco años y, a los diez, ya actuaba con la Orquesta del Teatro Nacional de La Habana. A los 17 años, fue solista destacado de la Orquesta Sinfónica Nacional de Cuba. Cofundó la Orquesta Cubana de Música Moderna y el grupo Irakere, grupo muy popular entre los jóvenes de la época que fusionó jazz, rock y música tradicional cubana, obteniendo reconocimiento internacional.

En mayo de 1980, durante una escala en España en una gira hacia Finlandia, D'Rivera solicitó asilo en la embajada de Estados Unidos, en España y con el dolor de haber dejado atrás a su familia en Cuba. Con la ayuda de músicos como Dizzy Gillespie y Mario Bauzá, se estableció en Estados Unidos, donde rápidamente ganó el respeto de la comunidad del jazz. Ha ganado múltiples premios Grammy y es reconocido tanto por su arte en el jazz latino como por sus logros como compositor clásico.

Liván Hernández: El Pionero de la Libertad y la Gloria en el Béisbol

En la década de 1990, el béisbol cubano era un semillero de talento, pero también un escenario de restricciones para quienes soñaban con jugar en las Grandes Ligas. Entre esos talentos emergió Liván Hernández, un joven lanzador con una poderosa recta y un temple inquebrantable en el montículo. Nacido en Villa Clara, Cuba, Hernández se destacó desde muy joven en las Series Nacionales, captando la atención tanto de la afición cubana como de los cazatalentos extranjeros. Sin embargo, su destino cambiaría radicalmente en 1995, cuando tomó la decisión más arriesgada de su vida.

Mientras participaba en un torneo en México, Liván vio la oportunidad de escapar del control del gobierno cubano y buscar su sueño en las Grandes Ligas. Consciente del peligro que esto representaba, se convirtió en uno de los muchos deportistas cubanos que han tenido que abandonar su país en busca de libertad. Su deserción fue un golpe duro para el régimen, que durante décadas había utilizado el talento deportivo como una herramienta de propaganda.

Al llegar a Estados Unidos, su talento no pasó desapercibido. Los Marlins de Florida apostaron por él y lo firmaron, confiando en que su brazo derecho podía convertirse en una de las piezas clave para el equipo. Y no tardó en demostrarlo. En 1997, en solo su primera temporada completa, Hernández se convirtió en el as de la rotación de los Marlins y los llevó a la postemporada con actuaciones dominantes. Pero su mayor hazaña llegó en la Serie Mundial de ese año.

Con apenas 22 años, Liván Hernández se convirtió en el protagonista del Clásico de Otoño, guiando a los Marlins a su primer campeonato en la historia de la franquicia. En la Serie Mundial contra los poderosos Indios de Cleveland, tuvo dos victorias cruciales, incluyendo una actuación dominante en el Juego 5. Su sangre fría en los momentos decisivos y su capacidad para lanzar bajo presión le valieron el prestigioso premio de Jugador Más Valioso de la Serie Mundial, un reconocimiento que lo colocó en la cima del béisbol y le dio un lugar en la historia del deporte.

Pero más allá de los trofeos y los premios, el impacto de Liván Hernández trascendió el campo de juego. Su éxito inspiró a toda una generación de peloteros cubanos que veían en él un ejemplo de lo que se podía lograr si se tenía el coraje de buscar nuevas oportunidades. Su hazaña abrió la puerta a otros jugadores que, al igual que él, soñaban con la libertad y con la posibilidad de demostrar su talento en el escenario más grande del béisbol.

Liván Hernández no solo dejó su huella como campeón y estrella de las Grandes Ligas, sino que también se convirtió en un símbolo de perseverancia y valentía. Su historia es un recordatorio de que, cuando se lucha por los sueños con determinación y sacrificio, no hay obstáculo lo suficientemente grande para impedir el éxito.

Orlando "El Duque" Hernández: De la Oscuridad a la Gloria de   la Serie Mundial

Orlando "El Duque" Hernández nació en Cuba y se convirtió en una de las mayores estrellas del béisbol en la isla. Su talento en el montículo, su estilo elegante y su capacidad para dominar a los bateadores le aseguraron un lugar en la élite del béisbol cubano. Sin embargo, su carrera en su tierra natal se vio abruptamente interrumpida cuando el gobierno cubano lo sancionó y lo prohibió de por vida en cualquier actividad deportiva. La razón de este castigo fue la deserción de su medio hermano, Liván Hernández, quien había escapado de la isla en busca de una mejor oportunidad en las Grandes Ligas de Estados Unidos.

Para Orlando, aquello significó un golpe devastador. No solo perdió la oportunidad de hacer lo que más amaba, sino que también quedó marcado como un traidor en su propio país. Con su futuro deportivo en Cuba truncado, no le quedó otra opción que buscar la libertad. En diciembre de 1997, arriesgó su vida al abordar una frágil embarcación junto a un grupo de personas que intentaban escapar de la isla. La travesía estuvo llena de incertidumbre y peligro, pero la determinación de "El Duque" fue más fuerte que el miedo. Después de varios días en el mar, fue rescatado por la Guardia Costera de los Estados Unidos y llevado a las Bahamas. Allí recibió asilo político y poco después logró llegar a Florida, donde su vida cambiaría para siempre.

No pasó mucho tiempo antes de que los Yankees de Nueva York notaran su extraordinario talento. El equipo lo fichó rápidamente, confiando en que su experiencia y habilidades lo convertirían en un lanzador clave para la franquicia. Orlando no defraudó. En su primera temporada con los Yankees en 1998, no solo se adaptó con rapidez a las Grandes Ligas, sino que también se convirtió en una pieza fundamental en la rotación del equipo. Su temple en los momentos de mayor presión y su capacidad para lanzar en situaciones difíciles lo hicieron destacar en la postemporada.

Con los Yankees, "El Duque" ganó cuatro títulos de Serie Mundial, consolidando su nombre en la historia del béisbol. Su historia de lucha, sacrificio y éxito inspiró a miles de cubanos que, como él, soñaban con la libertad y con la oportunidad de alcanzar su máximo potencial sin restricciones políticas. Orlando Hernández se convirtió en un símbolo de superación, demostrando que la grandeza no tiene fronteras y que el talento, cuando se combina con la determinación, puede triunfar contra cualquier obstáculo.

Hoy, su legado perdura no solo como un ícono del

béisbol, sino también como un testimonio viviente de la lucha por la libertad y la búsqueda de los sueños más allá de las barreras impuestas por un sistema opresivo. Su historia es un recordatorio de que el espíritu humano no puede ser encadenado y que la verdadera victoria está en nunca rendirse.

Eduardo Padrón: El Académico que Transformó la Educación en EE.UU.

En 1961, Eduardo Padrón llegó a Estados Unidos siendo solo un niño, parte de los más de 14,000 menores que escaparon de Cuba a través de la Operación Pedro Pan. Como muchos otros niños de esta iniciativa, fue separado de su familia y se enfrentó a un futuro incierto en un país desconocido. La transición no fue fácil: el idioma, la cultura y la sensación de desarraigo eran obstáculos enormes para cualquier niño. Sin embargo, Padrón encontró en la educación un camino para superar las dificultades y forjarse un destino lleno de oportunidades.

A pesar de los desafíos económicos y las dificultades de adaptación, Padrón nunca perdió la determinación de salir adelante. Su esfuerzo y dedicación lo llevaron a obtener una educación superior en los Estados Unidos, algo que en su infancia parecía inalcanzable. Se graduó de la Universidad de Florida, donde obtuvo un doctorado en Economía, y poco después inició una carrera que transformaría la educación en el sur de la Florida y más allá.

Su mayor legado lo construiría en el Miami Dade College (MDC), la institución educativa comunitaria más grande del país. En 1995, fue nombrado presidente del MDC, y desde ese momento trabajó incansablemente para ampliar el acceso a la educación superior, especialmente para inmigrantes y comunidades desfavorecidas. Bajo su liderazgo, el MDC se convirtió en un modelo de inclusión y excelencia, brindando oportunidades educativas a miles de estudiantes sin importar su estatus migratorio, nivel socioeconómico o antecedentes académicos.

Gracias a su visión y compromiso, el Miami Dade College dejó de ser solo una institución educativa para convertirse en un símbolo de esperanza y superación. Padrón impulsó programas de becas, facilitó el acceso a la educación para estudiantes de bajos recursos y fortaleció la conexión entre el mundo académico y el sector empresarial, asegurando que los graduados tuvieran oportunidades reales de empleo. Su labor fue clave para convertir al MDC en una de las universidades comunitarias más prestigiosas del país.

El impacto de su trabajo trascendió las fronteras de Miami. Su liderazgo en educación le valió reconocimiento a nivel nacional e internacional. En 2016, su labor fue honrada con la Medalla Presidencial de la Libertad, el mayor reconocimiento civil en Estados Unidos, otorgado por el entonces presidente Barack Obama. Este prestigioso galardón reconoció su incansable trabajo en favor de la educación y su lucha por la equidad académica.

Hoy en día, Eduardo Padrón es considerado un referente en el ámbito educativo y un símbolo del Sueño Americano. Su historia es una prueba de que, con esfuerzo, educación y determinación, es posible superar cualquier adversidad. Desde aquel niño exiliado que llegó sin nada más que esperanza hasta convertirse en un líder que ha impactado la vida de miles de estudiantes, su legado sigue inspirando a generaciones futuras a perseguir sus sueños sin importar las barreras que encuentren en el camino.

Hilda Molina:
Neurocirujana y Disidente Cubana

Hilda Molina y Morejón, nacida en Ciego de Ávila, Cuba, el 2 de mayo de 1943, es una reconocida neurocirujana que fundó el Centro Internacional de Restauración Neurológica (CIREN) en La Habana. Inicialmente alineada con el gobierno cubano, Molina ocupó cargos importantes, incluyendo una banca en la Asamblea Nacional del Poder Popular y la militancia en el Partido Comunista de Cuba. Sin embargo, en 1994, presentó su renuncia a todos sus cargos en protesta por la "dolarización" de la institución médica que ella misma había creado y por el trato preferencial a clientes extranjeros. A partir de entonces, por haber sido una opositora a las medidas de la revolución y su posición tan cercana a Fidel Castro este repetidamente le negó la autorización por muchos años para viajar a fuera del país, ni a Argentina donde residía su hijo, también neurocirujano. El argumentando que era "portadora de secretos" debido a su conocimiento sobre el estado cubano. Finalmente, en 2009, tras intensas gestiones diplomáticas, se le permitió reunirse con su familia en Argentina.

Carlos Moore:
Etnólogo y Activista Contra el Racismo

Carlos Moore, originario del Central Lugareño, en las cercanías de Nuevitas, provincia de Camagüey, Cuba, es un destacado etnólogo y defensor de los derechos humanos, especialmente en la lucha contra la discriminación racial. De raíces trinitenses y jamaicanas, emigró a Nueva York en 1958. Tres años después, en 1961, regresó a Cuba para desempeñarse como traductor en los ministerios de Comunicaciones y Relaciones Exteriores. Su descontento con la postura del gobierno cubano sobre la cuestión racial lo llevó a enfrentar la cárcel en dos ocasiones, lo que finalmente lo impulsó a buscar asilo en Egipto y posteriormente en Francia. En este último país, obtuvo dos doctorados en la Universidad de París 7, uno en etnología y otro en Ciencias Humanas. A lo largo de su vida, ha residido en diversos países como Nigeria, Senegal, Martinica, Guadalupe, Estados Unidos, Trinidad y Tobago y Brasil, manteniendo siempre su firme compromiso con la lucha contra el racismo.

Ricardo Bofill Pagés: Activista de Derechos Humanos

Ricardo Bofill Pagés fue un influyente intelectual y activista cubano cuyo legado está profundamente ligado a la defensa de los derechos humanos y la oposición pacífica al régimen comunista en Cuba. Nacido en 1943, comenzó su vida pública como profesor de filosofía con una orientación marxista y, durante sus primeros años, formó parte del Partido Comunista de Cuba. Sin embargo, su perspectiva crítica sobre la implementación del socialismo en la isla lo llevó a cuestionar el modelo instaurado por Fidel Castro.

A mediados de la década de 1960, Bofill se unió a un grupo de intelectuales disidentes conocidos como la "micro fracción", quienes planteaban una visión diferente del socialismo y criticaban abiertamente la concentración de poder dentro del gobierno cubano. Estas posturas fueron consideradas inaceptables por las autoridades, lo que resultó en su detención y una condena que lo mantuvo encarcelado durante 12 años. Durante su tiempo en prisión, sufrió condiciones extremadamente duras, pero su compromiso con la causa de los derechos humanos no se vio quebrantado.

Tras recuperar su libertad, Bofill redobló su activismo y, en un contexto de represión creciente, fundó el Comité Cubano Pro-Derechos Humanos, una de las primeras organizaciones independientes dedicadas a documentar violaciones de derechos fundamentales en la isla. Más tarde, también impulsó la creación del Partido por los Derechos Humanos en Cuba, con el objetivo de promover la democracia y la resistencia no violenta como alternativa al sistema autoritario.

Su lucha lo convirtió en un blanco constante de la vigilancia estatal y la represión, lo que eventualmente lo llevó al exilio en Estados Unidos. Desde allí, continuó su incansable labor denunciando la situación en Cuba y estableciendo vínculos con organismos internacionales para visibilizar la realidad de la disidencia cubana. Además, se convirtió en una voz influyente dentro de la comunidad exiliada, promoviendo el respeto a los derechos humanos y el uso de la resistencia pacífica como vía para el cambio en la isla.

Hasta su fallecimiento en 2019, Ricardo Bofill dejó un legado de lucha por la justicia y la libertad, consolidándose como una de las figuras más emblemáticas del movimiento de derechos humanos cubano.

Heberto Padilla:
Poeta y Crítico del Régimen

Heberto Padilla fue un escritor y poeta cubano cuya

vida y obra estuvieron marcadas por su postura crítica hacia el régimen de Fidel Castro. Nacido en 1932, desde joven mostró una gran pasión por la literatura y la poesía, convirtiéndose en una de las voces más destacadas de su generación. Su estilo poético, cargado de ironía y profundidad crítica, lo llevó a ser reconocido dentro del ámbito literario cubano, pero también lo situó en el centro de la controversia política.

En la década de 1960, Padilla apoyó inicialmente la Revolución Cubana, creyendo en sus promesas de justicia social y transformación. Sin embargo, con el tiempo, se desilusionó con la dirección que tomaba el país, especialmente en lo que respectaba a la falta de libertades individuales y la creciente censura impuesta a los artistas e intelectuales. Su libro de poemas Fuera del juego (1968), que ganó el prestigioso Premio Julián del Casal otorgado por la Unión de Escritores y Artistas de Cuba (UNEAC), se convirtió en un punto de inflexión en su vida. Aunque el libro recibió el galardón, las autoridades lo consideraron una obra contrarrevolucionaria debido a su tono pesimista y su crítica implícita al sistema.

El conflicto entre Padilla y el gobierno cubano escaló hasta que, en 1971, fue arrestado y sometido a un interrogatorio prolongado. Su encarcelamiento generó una oleada de protestas internacionales, con intelectuales de renombre como Jean-Paul Sartre, Mario Vargas Llosa, Susan Sontag y Gabriel García Márquez expresando su preocupación por la falta de libertad de expresión en Cuba. Tras ser liberado, Padilla se vio obligado a realizar una autoinculpación pública en la que, en un acto que muchos consideran forzado, admitió haber conspirado contra la Revolución y se retractó de sus críticas anteriores.

Este episodio, conocido como el Caso Padilla, tuvo repercusiones en la comunidad intelectual global y debilitó la imagen de Cuba como un paraíso cultural y progresista. Durante los años siguientes, Padilla continuó bajo estricta vigilancia y fue marginado del ámbito literario cubano.

Finalmente, en 1980, logró exiliarse en Estados Unidos, donde pudo retomar su labor literaria con mayor libertad.

A lo largo de su exilio, residió en diversas ciudades y se desempeñó como profesor en varias universidades, al tiempo que siguió escribiendo poesía y ensayos en los que abordaba temas como la opresión, la censura y la lucha por la libertad de expresión. Su obra, tanto en Cuba como en el extranjero, dejó un legado que sigue siendo una referencia fundamental para quienes defienden el derecho a la libre creación y el pensamiento independiente.

Heberto Padilla falleció en 2000, pero su nombre permanece como un símbolo de la resistencia intelectual y el costo que puede tener el enfrentarse a un poder absoluto. Su historia es un recordatorio del papel esencial de los escritores y artistas en la defensa de la verdad y la libertad

Fernando Antonio: De Cuba a Huelva, España

Fernando Antonio es un intelectual y escritor cubano que, impulsado por las circunstancias políticas y económicas de su país, decidió emigrar en 2006 en busca de nuevas oportunidades. Gracias a una beca otorgada a profesionales del ámbito cultural, llegó a Huelva, España, donde encontró un entorno propicio para desarrollar sus inquietudes intelectuales y creativas. Con el paso del tiempo, la ciudad andaluza se convirtió en su hogar definitivo, un espacio donde pudo reconstruir su vida y expandir su horizonte profesional y personal.

Desde su llegada, Fernando se ha dedicado a diversas actividades laborales que le han permitido integrarse en la sociedad onubense sin perder su esencia como investigador y creador. Su gran pasión por la historia, la literatura y la numismática ha guiado gran parte de su trayectoria, convirtiéndolo en un referente dentro de ciertos círculos culturales de la región. Como coleccionista de monedas y billetes antiguos, ha profundizado en el estudio del valor histórico de la numismática y su vínculo con las transformaciones económicas y sociales a lo largo del tiempo.

A lo largo de los años, Fernando ha combinado su amor por la lectura con la escritura creativa, publicando ensayos y artículos en los que analiza tanto la literatura contemporánea como el patrimonio cultural y natural de Huelva. Su trabajo ha sido reconocido en distintos foros locales, donde ha compartido sus conocimientos a través de conferencias, charlas y publicaciones en revistas especializadas. Entre sus contribuciones más notables se encuentran estudios sobre la riqueza ecológica de la provincia, así como análisis críticos de la producción literaria de autores emergentes en el ámbito hispano.

Además de su faceta como investigador y divulgador, Fernando ha cultivado un profundo interés por la escritura de ficción, explorando géneros como el cuento y la narrativa breve. Sus relatos, en los que aborda temas como la identidad, el exilio y la memoria, reflejan la experiencia de quienes han tenido que dejar atrás su país de origen para buscar un futuro mejor. En sus textos, España y Cuba se entrelazan en un diálogo constante, en el que la nostalgia y la adaptación a una nueva realidad ocupan un lugar central.

Su integración en la vida cultural de Huelva también ha estado marcada por su participación en eventos literarios y encuentros con escritores, donde ha compartido su visión sobre la literatura y el papel del intelectual en la sociedad actual. Como promotor de la lectura y el pensamiento crítico, ha colaborado con instituciones locales para fomentar el interés por el patrimonio cultural, convencido de que el conocimiento de la historia es fundamental para comprender el presente y construir el futuro.

Fernando Antonio es, en esencia, un puente entre dos mundos: el de su Cuba natal, con su compleja historia y riqueza cultural, y el de su país de adopción, España, donde ha encontrado un espacio para seguir creando y aportando al ámbito intelectual. Su vida y obra son testimonio del poder transformador de la literatura y la cultura, así como de la capacidad de los individuos para reinventarse en nuevas tierras sin perder su esencia.

Benjamín León: Empresario y Filántropo en el Sector de la Salud

Benjamín León nació en Cuba en 1944 y, tras los profundos cambios políticos que siguieron a la Revolución de 1959, emigró a Estados Unidos en 1961 junto a su familia. Como muchos exiliados de la época, tuvo que enfrentar grandes desafíos al llegar a un país nuevo sin recursos ni conexiones, comenzando su trayectoria profesional en empleos modestos mientras aprendía el idioma y se adaptaba a su nueva realidad. Sin embargo, su visión emprendedora y su determinación lo llevaron a construir un legado que cambiaría la vida de miles de personas.

Con el paso de los años, León se adentró en el sector de la salud, identificando la necesidad de ofrecer servicios médicos de calidad a la creciente población hispana, en particular a los adultos mayores beneficiarios de Medicare. Su experiencia en el campo lo llevó a fundar, en 1996, Leon Medical Centers, una red de clínicas diseñadas para brindar atención integral a personas de la tercera edad en Florida. Bajo su liderazgo, la empresa creció rápidamente, estableciéndose como una de las instituciones de salud más respetadas en el estado. En la actualidad, Leon Medical Centers atiende a más de 42,000 pacientes y cuenta con un equipo de 2,300 empleados, reflejando su compromiso con la excelencia médica y el bienestar de la comunidad.

Además de su éxito empresarial, León es un apasionado de la equitación y un firme defensor de causas filantrópicas. Como jinete, ha participado en diversas competiciones ecuestres, consolidando su amor por los caballos como una parte esencial de su vida. Su espíritu generoso lo ha llevado a apoyar numerosas iniciativas en el ámbito de la salud y la educación, donando recursos a hospitales, universidades y organizaciones benéficas que trabajan en la mejora de la calidad de vida de poblaciones vulnerables. Su impacto en la comunidad de Florida ha sido significativo, promoviendo programas de asistencia médica para personas de bajos ingresos y contribuyendo al fortalecimiento del sistema de salud.

El reconocimiento a su trayectoria no solo proviene del mundo empresarial y filantrópico, sino también del ámbito político. En 2025, su nombre fue propuesto como candidato para ocupar el cargo de embajador de Estados Unidos en España, una designación que subraya su influencia y su papel como puente entre las comunidades hispanas en Estados Unidos y los países de habla hispana. Su experiencia en liderazgo, su éxito en el sector de la salud y su compromiso con el bienestar social lo han convertido en un referente dentro de la comunidad cubanoamericana y en un símbolo del esfuerzo y la resiliencia de los inmigrantes que han logrado triunfar en su país de adopción.

El caso de Benjamín León representa la historia de muchos cubanos que, tras verse obligados a abandonar su tierra natal, han encontrado en Estados Unidos un lugar para prosperar y contribuir al desarrollo de la sociedad que los acogió. Su legado no solo se mide en términos empresariales, sino también en su impacto humano, al brindar acceso a servicios médicos de calidad, impulsar el bienestar de miles de personas y servir de inspiración para futuras generaciones de emprendedores y líderes comunitarios.

El Éxodo del Talento Cubano: Músicos, Atletas y Científicos en Busca de Libertad

Para estos músicos, atletas y científicos, escapar de Cuba significó dejar atrás no solo su país natal, sino también su familia, su cultura y todo lo que habían conocido. Sin embargo, el precio de la libertad y la posibilidad de desarrollar plenamente su talento era una motivación más fuerte que el miedo a lo desconocido. A lo largo de las décadas, numerosos profesionales cubanos en los campos de la ciencia, la medicina, el deporte y las artes han abandonado su país en busca de mejores oportunidades, lejos de las restricciones impuestas por el sistema cubano.

Uno de los casos más emblemáticos en el mundo del deporte es el de José Fernández, el talentoso lanzador de Grandes Ligas que escapó de Cuba tras varios intentos fallidos, poniendo su vida en riesgo en cada travesía. Su historia de lucha y sacrificio lo convirtió en un símbolo de esperanza para otros atletas cubanos que soñaban con jugar en el escenario más grande del béisbol.

En la música, grandes exponentes también han huido de la isla en busca de libertad creativa. Celina González, una de las reinas de la música campesina, y el legendario Celia Cruz, "La Guarachera de Cuba", son ejemplos de artistas que encontraron en el exilio una plataforma para expandir su arte sin censura. Sus éxitos resonaron por el mundo, llevando la esencia de la música cubana a nuevas audiencias.

Pero no solo los músicos y atletas han protagonizado estas historias de escape y éxito. En el ámbito de la ciencia y la medicina, numerosos profesionales han abandonado Cuba para poder desarrollar investigaciones sin limitaciones políticas. Un ejemplo notable es el de Dr. Óscar Elías Biscet, médico y activista por los derechos humanos, quien fue encarcelado por denunciar las condiciones del sistema de salud cubano. Aunque su lucha ha estado marcada por la represión, su impacto ha trascendido fronteras, inspirando a otros a defender la libertad de pensamiento y el derecho a la verdad. En el ámbito científico, muchos investigadores cubanos han emigrado para trabajar en prestigiosas universidades y centros de investigación. El Dr. Pedro A. Valdés-Sosa, un neurocientífico de renombre, ha sido uno de los principales exponentes de la neurociencia cubana en el extranjero, aportando al conocimiento global en su campo.

Estos son solo algunos de los casos más destacados que han sido titulares en la prensa alrededor del mundo. Detrás de cada historia hay sacrificio, valentía y un profundo deseo de crecer sin restricciones. Para muchos, el exilio ha significado empezar desde cero, pero también ha sido la puerta a una vida donde su talento puede brillar sin límites.

El Éxodo Cubano:
Una Carrera Contra el Tiempo

Escapar de Cuba no es simplemente un acto de

emigración, sino una apuesta desesperada por la libertad que, en muchos casos, se convierte en un enfrentamiento con la muerte. En los últimos momentos antes de una huida, el miedo se intensifica hasta niveles insoportables. Cada segundo cuenta y cada error puede significar el fin del sueño de libertad o incluso la vida misma.

Las personas que deciden huir del régimen cubano lo hacen conscientes de que están arriesgándolo todo. No solo dejan atrás su tierra, su familia y su historia, sino que también se adentran en un camino donde la muerte acecha en cada rincón. Los últimos minutos antes de la fuga están cargados de una tensión insoportable: la incertidumbre de si lograrán salir, la posibilidad de ser delatados, el terror de caer en manos de las autoridades. Los guardafronteras vigilan cada movimiento, los informantes acechan en cualquier esquina y una simple mirada sospechosa puede echarlo todo a perder.

Para aquellos que escapan por mar, el momento de abordar una embarcación improvisada es el instante más crítico. En la oscuridad de la noche, con el oleaje rugiendo y el viento golpeando con furia, se enfrentan a un mar implacable que ha devorado incontables vidas. El miedo se multiplica al ver a los niños en brazos de sus padres, a los ancianos temblando de terror, a los jóvenes con la mirada clavada en el horizonte, aferrándose a la esperanza.

El agua es su enemigo y su única vía de escape. Un motor defectuoso, una ola inesperada, una patrulla costera que los descubra, cualquier mínimo error puede significar la tragedia. La adrenalina corre por las venas cuando logran alejarse de la costa y, por un instante, sienten la euforia de haber burlado el control. Pero esa sensación es efímera, pues el peligro apenas comienza.

Las aguas del Estrecho de Florida son traicioneras. Los balseros deben resistir el agotamiento, la deshidratación y la desesperación. Algunos viajan sin suficientes provisiones, con el estómago vacío y la piel castigada por el sol abrasador. Otros se ven obligados a arrojarse al agua para aligerar el peso de la embarcación o, en el peor de los casos, presencian cómo compañeros de travesía son arrastrados por la corriente sin poder hacer nada.

El terror no es menor para quienes intentan escapar por tierra. Atravesar Centroamérica hasta llegar a la frontera con Estados Unidos implica cruzar territorios infestados de criminales, narcotraficantes y autoridades corruptas que ven en los migrantes una oportunidad de explotación. Muchos son secuestrados, extorsionados o abandonados a su suerte en medio de la selva. La incertidumbre es total: no saben si lograrán cruzar, si serán deportados o si terminarán en una fosa anónima.

Y aún si llegan al destino soñado, la libertad no es inmediata. Para los que buscan asilo en Estados Unidos, el proceso es largo y angustiante. La espera en centros de detención, la posibilidad de ser devueltos a Cuba y la incertidumbre de si serán aceptados o rechazados por las autoridades migratorias les arrebatan el sueño de un nuevo comienzo.

Los últimos momentos de una huida de Cuba son un cóctel de miedo, desesperación y fe. Es el instante en el que la vida y la muerte se encuentran en un mismo punto, donde el valor y el instinto de supervivencia se convierten en el único motor que los impulsa a seguir adelante. No hay garantía de éxito, solo el anhelo de libertad que los empuja a desafiar lo imposible.

Las Rutas de la Esperanza y el Peligro Migración Terrestre: Nicaragua y el Infierno del Darién

Ubicada entre Colombia y Panamá, la selva del Darién es una de las regiones más inhóspitas y peligrosas del mundo. Atravesarla puede tomar más de una semana, dependiendo de las condiciones del terreno y la resistencia de cada persona. Durante este tiempo, los migrantes enfrentan peligros que pocos logran imaginar antes de emprender el viaje:

Entorno extremo: La densa vegetación y los constantes aguaceros convierten los caminos en lodo intransitable. Ríos crecidos arrastran a quienes intentan cruzarlos, y la humedad permanente causa infecciones en la piel y enfermedades respiratorias.

Amenazas naturales:

La selva está infestada de serpientes venenosas, insectos portadores de enfermedades y animales salvajes que acechan a los viajeros desprevenidos. Muchos migrantes sufren picaduras que, sin acceso a atención médica, pueden volverse mortales.

Crimen y violencia: Grupos armados y redes de traficantes de personas patrullan la región, cazando a los migrantes para robarles lo poco que llevan. Las mujeres, en particular, son blanco de agresiones y abusos, mientras que otros son secuestrados y extorsionados por bandas criminales que los ven como mercancía.

Cada año, un número indeterminado de cubanos se pierde en el Darién sin dejar rastro. Algunos mueren agotados, otros ahogados o víctimas de ataques violentos. Sus cuerpos quedan abandonados en la espesura de la selva, convirtiéndose en parte del paisaje de muerte que acecha a cada viajero que se atreve a cruzar.

La Decisión de Arriesgarlo Todo

A pesar del horror que representa esta travesía, miles de cubanos siguen optando por esta ruta, convencidos de que el riesgo de morir en el camino es preferible a la desesperanza de permanecer en su país. La falta de oportunidades, la crisis económica y la falta de libertades los empujan a un viaje en el que la única garantía es la incertidumbre.

A lo largo del trayecto, muchos forjan lazos con otros migrantes de distintas nacionalidades, formando grupos de apoyo donde la solidaridad es la única arma contra la adversidad. Sin embargo, no todos llegan al final del recorrido. Algunos son deportados, otros son víctimas de la violencia, y otros simplemente desaparecen, dejando atrás solo el eco de una historia truncada por la realidad de la migración forzada.

Para los que logran completar el viaje y alcanzar la frontera de Estados Unidos, la lucha aún no ha terminado. La incertidumbre legal, los largos procesos migratorios y la adaptación a una nueva vida representan desafíos adicionales. Pero, a pesar de todo, quienes sobreviven al Darién y llegan a su destino saben que han vencido a la selva, al miedo y a la desesperación, logrando alcanzar la esperanza que tanto anhelaban.

El Endurecimiento de las Políticas Migratorias en EE.UU.

En marzo de 2025, la situación de los migrantes cubanos en Estados Unidos se ha vuelto aún más incierta y alarmante. A diferencia de años anteriores, cuando ciertos documentos permitían a los cubanos regularizar su estatus tras un tiempo de permanencia en el país, la eliminación de permisos clave como la I-220A y la I-220B ha sumido a miles en un limbo migratorio sin soluciones claras. Esta medida ha generado incertidumbre y miedo entre aquellos que llegaron con la esperanza de construir una nueva vida en territorio estadounidense.

El endurecimiento de las políticas migratorias no solo afecta a quienes intentan ingresar por la frontera sur, sino también a quienes ya se encuentran dentro del país con visas temporales. Muchos cubanos que llegaron legalmente, incluso con visas de turismo o parole humanitario, ahora se enfrentan a un futuro incierto, pues las amenazas de deportación han aumentado drásticamente. Las autoridades han intensificado la vigilancia y, en un intento de disuadir a más migrantes de permanecer en EE.UU., están promoviendo activamente la auto deportación, instando a quienes no tienen un estatus permanente a abandonar el país voluntariamente antes de que sean detenidos o expulsados forzosamente.

Las condiciones en los albergues son precarias y el riesgo de caer en manos de carteles y redes de tráfico humano es alarmante. Muchos han sido víctimas de extorsión, secuestros o violencia extrema mientras esperan una oportunidad que parece cada vez más inalcanzable.

A medida que las restricciones se endurecen, la desesperación se apodera de quienes huyen de Cuba en busca de libertad y estabilidad. La única certeza que tienen es la incertidumbre. Aquellos que logran cruzar enfrentan la amenaza de deportación; los que esperan en México, el peligro de la violencia y el abuso; y los que aún están en Cuba, la desesperanza de no tener un futuro. En este complejo escenario, la migración cubana se encuentra en un punto crítico, donde cada decisión puede significar la diferencia entre la libertad y la tragedia.

Con menos opciones disponibles, los cubanos han comenzado a buscar otras alternativas en España, Italia y América Latina, aunque estas opciones también están plagadas de incertidumbre y desafíos.

Miami:
¿La Tierra prometida?

Para quienes logran establecerse en EE.UU., el camino sigue siendo difícil. Aunque Miami es el epicentro del exilio cubano y ofrece una comunidad fuerte y una cultura que mantiene vivas las raíces de la isla, la adaptación es un reto.

Muchos llegan con expectativas altas, solo para enfrentarse a una realidad diferente:

La barrera del idioma y la competencia laboral complican la integración.

El costo de vida en EE.UU. es elevado, y el "sueño americano" exige esfuerzo y sacrificio.

El sentimiento de nostalgia y desarraigo afecta emocionalmente a quienes dejaron atrás a sus familias.

Algunos nunca logran adaptarse y viven atrapados entre dos mundos: la tierra que dejaron atrás y la que nunca los termina de acoger. Documentales como "90 millas", dirigido por Juan Carlos Zaldívar, exploran esta dualidad, mostrando la dificultad de encontrar un verdadero hogar fuera de Cuba.

El Efecto Dominó en Cuba:
Entre la Desesperanza y la Huida

Mientras los cubanos en el exilio buscan formas de establecerse legalmente en sus países de acogida, la situación en la isla se deteriora cada vez más, alimentando un ciclo incesante de migración. Las restricciones impuestas en Estados Unidos y otros destinos han generado un efecto dominó en la sociedad cubana, donde la desesperación crece a medida que las opciones de escape se reducen.

El impacto de estas nuevas políticas migratorias no solo afecta a quienes ya han salido de Cuba, sino también a aquellos que aún permanecen en la isla, aferrados a la esperanza de encontrar una oportunidad para escapar. Con la eliminación de mecanismos que antes facilitaban la regularización en EE.UU., muchos que planeaban emigrar se enfrentan ahora a una realidad devastadora: la posibilidad de quedar atrapados sin salida, en un país donde la crisis económica y la falta de libertades continúan profundizándose.

La situación en Cuba se vuelve cada vez más insostenible. La escasez de alimentos y medicinas, el colapso del sistema eléctrico, la falta de empleo y el aumento de la represión política han llevado a un incremento en los intentos de huida, incluso en condiciones extremadamente peligrosas. Sin embargo, el cierre de vías legales ha obligado a muchos a recurrir a métodos aún más arriesgados, como la travesía por la selva del Darién o la construcción de balsas improvisadas para lanzarse al mar.

El mensaje que llega desde EE.UU. y otros países que han endurecido sus políticas migratorias es claro: ya no hay garantías para los cubanos que buscan refugio. Esta realidad ha generado una ola de incertidumbre y angustia dentro de la isla. Familias enteras deben decidir entre quedarse y enfrentar la miseria o arriesgarse a un viaje que podría costarles la vida.

Mientras tanto, el gobierno cubano aprovecha la crisis para reforzar su control. Con menos cubanos logrando emigrar, el descontento interno crece, y con él, la represión. Arrestos arbitrarios, vigilancia extrema y la criminalización de cualquier intento de protesta se han intensificado en los últimos meses. La posibilidad de un nuevo "Maleconazo" —como el levantamiento popular de 1994— parece más cercana que nunca, pero el miedo sigue siendo un obstáculo para muchos.

A pesar de las dificultades, el deseo de salir de Cuba sigue siendo un motor imparable. Los cubanos han demostrado a lo largo de la historia que, sin importar cuántas barreras se impongan, seguirán buscando la libertad a cualquier costo. Pero con cada cierre de frontera y cada política restrictiva, la pregunta sigue en el aire:

¿Qué pasará cuando ya no haya salida?

Conclusión:
Un Pueblo Sin Destino Claro

El pueblo cubano enfrenta una de las crisis migratorias más inciertas de su historia. Las rutas hacia EE.UU. son cada vez más peligrosas o inaccesibles, y las opciones en otros países no garantizan estabilidad.

Sin embargo, a lo largo de su historia, los cubanos han demostrado una increíble capacidad de resistencia. Aunque las puertas parezcan cerrarse, la lucha por la libertad no se detendrá. Para quienes huyen y para quienes resisten dentro de la isla, el exilio sigue siendo una historia de sacrificio, pero también de esperanza. Se dan cuenta de que es imposible desvincularse completamente de su identidad y herencia cubana, incluso al establecerse en lugares como Miami. Esta dualidad puede ser tanto una fuente de enriquecimiento cultural como de conflicto interno, ya que los exiliados navegan entre las expectativas de su comunidad de origen y las demandas de su nuevo entorno.

Capítulo 17

Deshielo y la Puerta entreabierta. Obama, Trump y la migración cubana

La historia de Cuba en el siglo XXI no puede contarse sin hablar del punto de inflexión que significó el acercamiento entre el gobierno de Barack Obama y la dictadura de Raúl Castro.

Fue una etapa en la que, por primera vez en más de cinco décadas, los cubanos sintieron la posibilidad real de vivir con un poco más de libertad sin necesidad de escapar de la isla. Sin embargo, este cambio fue fugaz. Con la llegada de Donald Trump al poder, muchas de esas oportunidades se cerraron, dejando a miles de cubanos atrapados en un limbo político y migratorio.

Obama y el inicio de una nueva era

Cuando Barack Obama asumió la presidencia en 2009, heredó una política hacia Cuba que se había mantenido prácticamente inamovible desde el triunfo de la Revolución en 1959.

El embargo económico, las restricciones a los viajes y las sanciones a la isla habían sido pilares de la estrategia estadounidense durante décadas, bajo la premisa de que aislar al régimen llevaría eventualmente a su colapso.

Pero la realidad demostró lo contrario: el castrismo se mantuvo en el poder, adaptándose a las sanciones y utilizándolas como justificación para sus propios fracasos internos.

Obama decidió cambiar esa estrategia. En 2014, anunció públicamente el inicio de un proceso de normalización de relaciones con Cuba.

Esto incluyó el restablecimiento de relaciones diplomáticas, la reapertura de embajadas en La Habana y Washington, la flexibilización de restricciones de viaje y el impulso al intercambio comercial y cultural entre ambos países.

Uno de los cambios más significativos fue la eliminación de muchas restricciones impuestas a los ciudadanos estadounidenses que querían viajar a Cuba. Aunque el embargo seguía en pie, la flexibilización permitió que miles de turistas visitaran la isla y trajeran consigo no solo dólares, sino también ideas y una nueva visión del mundo exterior.

Por primera vez en décadas, los cubanos podían interactuar con extranjeros de una manera más abierta, sin la supervisión constante del Estado.

Internet, negocios y viajes: los cambios dentro de Cuba El deshielo diplomático también trajo consigo un cambio inesperado dentro de la isla: el acceso a internet. Hasta entonces, el régimen cubano había mantenido un férreo control sobre la información, limitando el acceso a la red y asegurándose de que solo instituciones gubernamentales y funcionarios tuvieran la posibilidad de conectarse.

Pero con la llegada de la normalización, el gobierno permitió la instalación de puntos de Wi-Fi públicos en parques y plazas, y posteriormente, la venta de datos móviles a los ciudadanos.

Este cambio fue revolucionario. De repente, los cubanos podían comunicarse con sus familiares en el exterior sin necesidad de costosos y obsoletos correos electrónicos.

Las redes sociales se convirtieron en una herramienta poderosa para organizarse, denunciar abusos y acceder a información sin filtros estatales.

Además del internet, el gobierno cubano relajó las restricciones para los trabajadores por cuenta propia, permitiendo que florecieran pequeños negocios privados. Restaurantes, bares, alquileres de habitaciones, talleres mecánicos y otros servicios comenzaron a expandirse en la isla, aprovechando la afluencia de turistas estadounidenses y el creciente interés por Cuba.

Por primera vez en muchos años, los cubanos podían emprender y ganar dinero sin depender completamente del Estado. Otro cambio fundamental fue la eliminación de la infame "tarjeta blanca", el permiso de salida que durante décadas había sido una herramienta de control para el régimen. Ahora, los cubanos podían viajar al extranjero con relativa facilidad, explorar nuevas oportunidades y, en algunos casos, decidir no regresar

La Perestroika Cubana

Una Puerta Entornada que Iluminó a un Pueblo en Sombras El tiránico gobierno de los Castros se vio obligado a aparentar que estaba dispuesto a hacer concesiones al pueblo.

No era una transformación real ni un acto de buena fe, sino una estrategia calculada para sobrevivir en un contexto internacional cambiante.

Como un hábil prestidigitador, el régimen cubano movía las fichas necesarias para crear la ilusión de apertura sin perder jamás el control absoluto. Sin embargo, en un país donde la represión y la oscuridad informativa habían sido la norma por más de medio siglo, cualquier grieta, por mínima que fuera, bastaba para que entrara la luz.

Los cambios que se implementaron durante el deshielo con Estados Unidos no fueron concesiones genuinas del régimen, sino medidas de supervivencia. Como ocurrió con la Perestroika de Mijaíl Gorbachov en la Unión Soviética, las reformas que el castrismo permitió no tenían el propósito de otorgar libertades reales, sino de maquillar la crisis y evitar un colapso total. El gobierno no buscaba empoderar al pueblo, sino encontrar nuevas formas de sostenerse sin comprometer su poder.

Pero lo que no calcularon fue el efecto psicológico de abrir, aunque fuera solo un poco, la puerta de la jaula. El cubano, sumido durante décadas en un estado de aislamiento y privación, no necesitaba mucho para despertar. Solo bastaba un resquicio, una oportunidad, una señal de que el mundo exterior era algo más que la propaganda oficial.

Y eso fue precisamente lo que ocurrió cuando el régimen permitió el acceso controlado a internet, la expansión de pequeños negocios privados y la flexibilización de los viajes. Para muchos cubanos, estas medidas fueron como un relámpago en la oscuridad. Internet, aunque censurado y limitado, se convirtió en una ventana al mundo. Las redes sociales no solo les permitieron conectarse con familiares y amigos en el extranjero, sino también descubrir que había otras formas de vivir, de pensar y de actuar. Comenzaron a comparar su realidad con la de países vecinos y, por primera vez, a cuestionarse si realmente la Revolución les había dado la vida digna que prometía.

Los pequeños negocios, aunque aún atados a restricciones estatales, hicieron que muchos cubanos experimentaran la autonomía económica por primera vez en sus vidas. Por décadas, el Estado había sido el único empleador, el único proveedor y dueño de todo.

Ahora, un cubano podía abrir un restaurante, alquilar una habitación a un turista o reparar autos sin esperar una limosna del gobierno. Era un cambio mínimo, pero para una población acostumbrada a la total dependencia, representaba una revolución silenciosa.

El derecho a viajar, aunque costoso y con muchas trabas burocráticas, dio lugar a una nueva generación de cubanos que conocieron de primera mano cómo se vivía fuera de la isla. Fueron a México, a Ecuador, a España, a Estados Unidos. Vieron supermercados llenos, calles iluminadas, oportunidades de empleo y libertad de expresión. Y al regresar, compartieron sus experiencias con aquellos que aún no habían salido, sembrando una semilla de inquietud y deseo de cambio.

El gobierno cubano creyó que podía controlar el impacto de estas medidas, que podía permitir ciertas libertades sin que el sistema se tambaleara. Pero subestimó el poder del conocimiento, de la comparación y de la esperanza. La puerta, aunque solo entornada, dejó entrar demasiada luz.

Fue por esta razón que, en cuanto el gobierno de Donald Trump endureció nuevamente las restricciones y cerró muchas de las vías que los cubanos habían comenzado a utilizar para salir y prosperar, el régimen aprovechó la oportunidad para replegarse.

Volvió a reforzar su control, a censurar más internet, a poner trabas a los negocios privados, a dificultar la salida del país.

Sabían que cuanto más veía y aprendía el pueblo, más difícil sería mantener la farsa. Pero el daño ya estaba hecho. Los cubanos habían visto lo que había más allá del muro, y aunque el régimen intentara cerrarlo de nuevo, la idea de la libertad ya estaba sembrada. Y una vez que se enciende una chispa en la oscuridad, es casi imposible apagarla.

Trump y el fin de la esperanza

Pero el cambio de administración en Estados Unidos trajo consigo un brusco giro en la política hacia Cuba. En 2017, con Donald Trump en la Casa Blanca, la normalización quedó en pausa y, poco a poco, se desmantelaron muchas de las medidas implementadas por Obama.

Trump endureció las sanciones contra la isla, limitó los viajes de estadounidenses a Cuba y restringió el envío de remesas, una fuente crucial de ingresos para muchas familias cubanas.

Pero, sin duda, la decisión que tuvo el mayor impacto en la migración fue la eliminación de la política de "pies secos, pies mojados", que otorgaba residencia a los cubanos que lograban llegar a suelo estadounidense.

Hasta entonces, miles de cubanos habían aprovechado la apertura para viajar a otros países de Latinoamérica y, desde allí, emprender la peligrosa travesía hacia la frontera con Estados Unidos. Muchos pasaron por Ecuador, Colombia y Panamá, enfrentándose a traficantes, selvas y extorsionadores en su camino hacia el sueño americano.

Pero con el fin de esta política, el temor a quedar atrapados en un limbo migratorio hizo que el número de migrantes cubanos aumentara drásticamente en los meses previos al cambio. Aquellos que ya estaban en tránsito aceleraron su marcha, mientras que otros, que aún estaban en la isla, tomaron la decisión de irse antes de que fuera demasiado tarde. Lo que debía ser una migración ordenada y gradual, terminó convirtiéndose en un éxodo apresurado y caótico.

Conclusión

Una oportunidad perdida El acercamiento de Barack Obama a Cuba representó una de las mayores oportunidades de cambio que la isla había visto en décadas. Permitió que los cubanos tuvieran acceso a internet, viajaran, emprendieran y, sobre todo, imaginaran un futuro distinto dentro de su propio país.

Sin embargo, la llegada de Donald Trump frenó en seco este proceso, cerrando las puertas de todo aquel que solo pretendía viajar conocer y traer ideas a su tierra para poder desarrollarse y crecer, aunque hubiera un techo que lo limitase.

Entonces esto provocó una a una migración desordenada y una carrera loca por el miedo a perder la oportunidad que tenían no se volviera a repetir y dejando a miles en una situación desesperada.

La historia reciente de Cuba está marcada por estos altibajos, por promesas de apertura seguidas de giros abruptos que devuelven a la isla a su realidad de aislamiento. Mientras tanto, los cubanos continúan buscando la manera de sobrevivir, ya sea dentro de la isla o lanzándose al mar, como lo han hecho por generaciones.

Capítulo 18
El Precio de las Sanciones: Una Tiranía que Siempre Encuentra Beneficio

Este capítulo busca ofrecer una visión clara del impacto del exilio cubano y las sanciones económicas sobre el pueblo. Aunque fueron diseñadas para asfixiar al régimen de los Castro, la realidad es que han golpeado con más fuerza a los ciudadanos comunes.

Mientras las sanciones buscan debilitar la dictadura, la élite gobernante sigue disfrutando de lujos y privilegios, protegida en sus mansiones y rodeada de comodidades inalcanzables para el pueblo. En contraste, la población enfrenta hambre, escasez y represión, obligada a sobrevivir en un sistema fallido que exige sacrificio sin ofrecer futuro.

Las Sanciones: Un Arma de Doble Filo

El embargo y las sanciones económicas impuestas por Estados Unidos y otros países han sido promovidos como una estrategia para derrocar la dictadura. Sin embargo, han resultado ser el pretexto perfecto para que el gobierno justifique su ineficiencia, culpando de la crisis a un enemigo externo en lugar de asumir su responsabilidad.

El régimen cubano ha perfeccionado el arte de la manipulación, presentándose como víctima de agresiones imperialistas mientras recibe apoyo financiero de organismos internacionales y gobiernos aliados. Las sanciones, lejos de debilitar su control, han servido para reforzar su narrativa y consolidar su dominio.

Mientras la cúpula gobernante se beneficia, el pueblo sufre las verdaderas consecuencias. La represión, la pobreza extrema y la falta de oportunidades han convertido a Cuba en una nación donde disentir es un delito y emigrar es la única opción para muchos.

La Hipocresía de la Élites del Poder

Mientras los cubanos hacen filas interminables para comprar alimentos básicos y enfrentan apagones constantes, los dirigentes del Partido Comunista viven en un mundo aparte. Sus hijos no conocen la escasez ni la incertidumbre, disfrutan de privilegios en barrios exclusivos como Siboney y Miramar, con acceso a productos importados, servicio doméstico y lujos impensables para el ciudadano común.

- Estos líderes no buscan soluciones ni cambios reales. Mientras el país se hunde, ellos continúan disfrutando de cenas opulentas y viajes internacionales, fortaleciendo sus redes de poder y asegurando su bienestar personal a costa del sufrimiento del pueblo.
- El Saqueo Internacional y la Exportación de Miseria
- Para sostener su modelo fallido, el régimen cubano ha explotado a otros países bajo el disfraz de la "solidaridad internacionalista". A través de estrategias diplomáticas,

ha infiltrado gobiernos e instituciones extranjeras con el objetivo de obtener beneficios económicos y expandir su influencia.

Algunos ejemplos de esta estrategia incluyen:

Misiones médicas: Miles de médicos cubanos han sido enviados a países como Venezuela, Brasil y México en condiciones de semi esclavitud. La mayor parte de sus salarios va a las arcas del Estado, no a los profesionales que arriesgan sus vidas.

Apoyo a regímenes aliados: El castrismo ha brindado respaldo logístico y militar a dictaduras como la de Venezuela, recibiendo petróleo subsidiado a cambio, mientras la población venezolana sufre una crisis humanitaria.

Relaciones comerciales opacas: Acuerdos con gobiernos afines han permitido que Cuba reciba donaciones y créditos que nunca benefician al pueblo, sino a la élite gobernante.

Cuba ha convertido la miseria en su principal producto de exportación, no solo destruyendo su propia economía, sino también afectando a otras naciones con su influencia represiva y su propaganda política.

Un Pueblo Obligado a Huir

Ante la falta de oportunidades y la represión, el exilio sigue siendo la única opción para miles de cubanos. Sin embargo, las restricciones migratorias y la eliminación de programas como I-220A, I-220B y CBP One han complicado aún más la salida del país, dejando a muchos atrapados en un limbo sin opciones.

La dictadura ha utilizado el éxodo masivo como una válvula de escape para reducir la presión interna, permitiendo que los descontentos se vayan en lugar de enfrentar sus demandas. Pero, con las opciones de emigración cada vez más limitadas, la desesperación dentro de la isla sigue en aumento.

Las sanciones no han derrocado al régimen, pero sí han hecho la vida del cubano promedio aún más insoportable. Cuba se ha convertido en una prisión de fronteras invisibles, donde la resistencia se castiga y la libertad sigue siendo un sueño inalcanzable para muchos.

Conclusión

El exilio cubano ha sido una historia de dolor, sacrificio y lucha por la supervivencia. Desde los primeros refugiados políticos hasta las más recientes oleadas migratorias, los cubanos han enfrentado enormes desafíos en su búsqueda de un futuro mejor.

Lejos de su tierra, han tenido que adaptarse a nuevas culturas, reconstruir sus vidas desde cero y preservar su identidad en un entorno ajeno. Pero también han demostrado una resiliencia extraordinaria, contribuyendo al crecimiento de las sociedades que los acogieron y manteniendo viva la esencia de su nación a través de generaciones.

Sin embargo, el exilio deja cicatrices profundas. La separación de seres queridos, el desarraigo y la imposibilidad de regresar marcan a quienes han tenido que huir. La identidad cubana en el extranjero es un puente entre el pasado y el presente, un vínculo con la patria perdida y la nueva vida que han construido.

El exilio no debe verse solo como una historia de pérdida, sino también como un testimonio de resistencia y perseverancia. La lucha por la libertad no termina en la partida, sino en la voluntad de mantener viva la memoria, la cultura y la esperanza de un cambio real para Cuba.

Epílogo

La lucha por la libertad ha sido una constante en la historia del pueblo cubano, llena de sacrificios y desafíos.

Entre los testimonios más impactantes está el de Julio Ibarra, un sobreviviente de un naufragio mientras intentaba llegar a Estados Unidos. En su relato, describe la desesperación de su grupo y cómo diez personas perdieron la vida en el intento. A pesar del horror, su deseo de libertad nunca flaqueó.

Otro caso es el de Grisel González, quien, con solo 16 años, abordó una embarcación en 1994 durante el éxodo masivo de los Balseros del 94. A más de treinta años después, reflexiona sobre cómo esa decisión marcó su vida y simboliza el deseo inquebrantable de los cubanos por alcanzar la libertad.

Estas historias son solo un reflejo de la valentía de un pueblo que, a pesar de los peligros y las pérdidas, sigue luchando por un futuro mejor. Aunque el régimen intente perpetuar su control, la historia ha demostrado que ningún sistema opresivo dura para siempre.

La esperanza de un cambio sigue viva. Y mientras haya cubanos dispuestos a arriesgarlo todo por la libertad, el anhelo de un país sin cadenas nunca podrá extinguirse.

Raquel Rojas

Sobre el Autor

Frank Durán es un apasionado lector que, tras años de vivencias marcadas por la lucha, la resistencia y la búsqueda de la libertad, decide compartir su historia con el mundo a través de su primera obra publicada, ***Los Náufragos por la Libertad Historias de valor y sacrificio en el éxodo cubano*** Su escritura es una mezcla de narrativa intensa y emotiva, basada en experiencias reales y en un profundo conocimiento de la historia de los cubanos que han arriesgado todo en su intento por alcanzar un futuro mejor.

En esta obra, su voz cobra especial fuerza en el capítulo 5, donde relata su propia travesía hacia la libertad, un episodio lleno de tensión, sacrificio y esperanza. Su testimonio no solo refleja la crudeza de la realidad vivida por muchos, sino que también rinde homenaje a aquellos que, como él, nunca dejaron de soñar con un destino diferente.

Con esta primera publicación, F. Durán da el primer paso en su camino como autor, con la intención de seguir contando historias que merecen ser recordadas.

Teresa

Made in the USA
Columbia, SC
27 March 2025